Königs Erläuterungen und Materialien
Band 283

Erläuterungen zu

Carl Zuckmayer

Des Teufels General

von Reiner Poppe

Über den Autor der Erläuterung:

Reiner Poppe: Studium der Anglistik, Romanistik und Germanistik. Unterrichtstätigkeit im In- und Ausland.
Postgraduiertenstudium im Fachbereich Erziehungswissenschaften und „Interkulturelle Studien".
Langjährige Sonderaufgaben in der Lehrerausbildung und -fortbildung. Über viele Jahre mit der Leitung eines schulübergreifenden Projekts zur sprachlichen Integration von Jugendlichen mit Migrationshintergrund in Leverkusen (NRW) beauftragt.
Zahlreiche unterrichtsbezogene Veröffentlichungen zur amerikanischen, englischen und deutschen Literatur.

2. Auflage 2004
ISBN 3-8044-1777-9
© 2002 by C. Bange Verlag, 96142 Hollfeld
Alle Rechte vorbehalten!
Titelabbildung: Curd Jürgens als General Harras und Marianne
                  Koch als Diddo in Käutners Verfilmung „Des
                  Teufels General" von 1954
Druck und Weiterverarbeitung: Tiskárna Akcent, Vimperk

Vorwort

Hat uns Zuckmayers Drama *Des Teufels General* heute noch etwas zu sagen? Diese Frage, die sich jeder Lernende und Unterrichtende stellt, beantworten wir einleitend mit einem deutlichen „Ja, sehr viel!" Zugleich können wir die Einschätzung Volker Wehdekings, dem wir in vielen Gedankengängen gern folgen, nicht vom Tisch argumentieren, dass „zu einer rückhaltlosen Akklamation des Gesamtkonzepts (...) sich wohl auch bei größerem zeitlichen Abstand kein kritisches Publikum bereit finden" werde.[1]

Nun, jeder sollte sein Urteil selbst finden. Wir möchten dabei helfen, so objektiv wie möglich, natürlich von der Überzeugung getragen, dass dieses Drama auch heute noch mehr als nur ein interessanter Beitrag zur deutschen Literatur aus einer zeitlich weit zurückliegenden Epoche (Nationalsozialismus) ist. Diese Einschätzung lässt sich durch zwei Fakten stützen:

– Immer noch findet das Drama sein (Lese-)Publikum, obgleich es auf den deutschen Bühnen ein seltener Gast geworden ist. Die unserer Erläuterung zu Grunde gelegte 31. Auflage des Bühnenstückes im Fischer Verlag (aus dem Jahr 2000) macht das sehr deutlich.

– Der Grund: Es ist nicht nur ein spannendes ‚Lesestück'. Es weist vielmehr einen ewig gültigen ‚Nährboden' zum Leben und Überleben auf, die „vox humana", die bei Zuckmayer stets hörbar ist. Eine solche Stimme brauchen wir.

---

1 Volker Wehdeking, *Mythologisches Ungewitter*, S. 100

Obwohl gehaltvoll, ist *Des Teufels General* kein ‚großes' Drama. Ein wichtiges und bedeutsames ist es allemal, in dem es um das Thema von Schuld und Schicksal von Menschen unter besonderen Verhältnissen geht:

> General Harras, ein kerniger und lebensfroher Vorgesetzter einer Elite-Kampffliegerstaffel, kein Freund der Nazis, aber in ihren Diensten, muss in einer ihm gesetzten Frist Sabotageakte aufklären, die an Flugzeugen verübt worden sind, für deren kriegsdienlichen Einsatz er verantwortlich ist. Er hat einen Verdacht, der sich aber nicht bestätigt. Stattdessen offenbart ihm einer seiner loyalsten Mitarbeiter, der leitende Ingenieur Oderbruch, dass er hinter den Vorfällen stecke, um auf eine Schwächung des Nazi-Regimes und auf eine Verkürzung des Krieges hinzuwirken. Harras, der indirekt am Tode vieler Menschen und einzelner aus seinem engsten Umfeld schuldig ist, erkennt in Oderbruchs Haltung sein eigenes moralisches Versagen und begeht Selbstmord.

Das Drama hat nach seinem Erscheinen (1946) anhaltende Diskussionen ausgelöst und über nahezu zwei Jahrzehnte eine ungeheure Popularität besessen. (⇒ **2.1**) Mit derselben Leidenschaft und inneren Beteiligung wie von den Menschen unmittelbar nach dem Krieg und in den Jahren seiner Bewältigung kann heute nicht mehr über die Person des General Harras und über die Oderbruchs diskutiert werden, gleichwohl sind jene Fragen, die damals gestellt worden sind, auch für unsere Zeit weiterhin diskussionswürdig: **Wann besteht das Recht auf Widerstand? Wie schuldig macht sich derjenige, der sich Menschen verachtenden Zuständen gegenüber indifferent verhält?**

Wir wollen diese Fragen in das Zentrum unserer Betrachtungen rücken und uns auf dabei auf die Hauptfigur des Dramas, General Harras, konzentrieren. (⇒ **2.4; 2.7; 4.**) Demgegenüber treten andere Aspekte, die im Spektrum der Interpretationsliteratur häufig wiederkehren, deutlich zurück, zumal in Zuckmayers gesamtem Schaffen, verstärkt etwa ab 1945, eine „humanistisch-religiöse Haltung" auffallend in den Vordergrund tritt.[2] Auch unsere Anregungen für die Unterrichtsarbeit (oder häusliche Arbeit) sind zu einem großen Teil auf diesen Fokus gerichtet. (⇒ **3.**) Engstens verknüpft mit unserer Interpretation der Titelgestalt ist die Betrachtung der Bühnensprache Carl Zuckmayers in diesem Drama (⇒ **2.6**), die (abgesehen von einigen Bedenklichkeiten in surrealistischer und religiöser Symbolik), kraftvoll und urwüchsig, stellenweise aber auch sehr zurückgenommen und reflexiv ist.

Carl Zuckmayer war ein produktiver und vielseitiger Schriftsteller mit einer deutlichen Vorliebe für den Film (⇒**1.3**), deshalb wurde er manchmal auch ein wenig über die Schulter angesehen. Gerhart Hauptmann (1862–1946), einer der größten deutschen Dramatiker überhaupt, indessen adelte ihn mit den Worten: „Sie haben mich ganz gewonnen. Nicht nur durch das unmittelbare Leben, das in Ihren Gestalten pulst, sondern auch durch Ihre kühnen Gedichte und Ihre glühende Eigenkraft. (...) Ich empfehle Sie dem besten Stern, der über der deutschen Dichtung leuchtet."[3] Auf das umfangreiche Werk und auf Zuckmayers Triebkräfte für sein Schreiben können wir im Rahmen unserer Erläuterungen nur knapp eingehen.(⇒**1.2**) Für Leser, die mehr darüber erfah-

---

2   Karin Kathrein, *Schauspielführer*, S. 446
3   Gerhart Hauptmann, zitiert in Thomas Ayck: *Carl Zuckmayer*, S. 139

ren möchten, lohnt ein Ausflug in den einen oder anderen Titel der biografischen Literatur und die Lektüre seiner Lebenserinnerungen mit dem Titel *Als wär´s ein Stück von mir.* (⇒ **5**.) Insgesamt haben wir das Literaturverzeichnis begrenzt. Wir möchten an dieser Stelle jedoch auf die ***Blätter der Carl-Zuckmayer Gesellschaft*** hinweisen, die 1997 durch ***Zuckmayer-Jahrbücher*** abgelöst wurden. In ihnen finden sich auch Beiträge fortgesetzter Beschäftigung mit dem Autor und *Des Teufels General*, u. a. zu Fragen seiner „Aktualität" und zum Thema des „Widerstandes" (1978, 1979, 1996, 1997). – Die übrigen Bausteine unserer Interpretation sind ebenfalls knapp gehalten. (⇒ **1.1**; **2.2**; **2.5**). Sie wollen demjenigen zu einer ersten Orientierung verhelfen, der sich mit dem Autor und seinem Stück erst vertraut machen muss, aber auch anderen, die ihr Gedächtnis ein wenig auffrischen wollen. – Der Materialienteil fasst in konzentrierten Zitaten alles zuvor Gesagte zusammen und führt einzelne Gedanken daraus weiter. (⇒ **4**.) – In zwei Teilkapiteln unterstützen wir die Ausführungen mit Schaubildern. Sie sollen den Leser zu ähnlichen Veranschaulichungen anregen. Darin bündelt sich für ihn das Gelesene, das er auf diese Weise schwerpunktmäßig noch einmal nachzuvollziehen kann.(⇒ **2.3**; **2.4**) – Durchgängig sind Merkkästchen mit zentralen Stichwörtern eingefügt, die für den Leseprozess des Lernenden sachliche Orientierungs- und Strukturierungshilfen sein wollen.(**1.2–2.7**)

Textgrundlage: Carl Zuckmayer. *Des Teufels General*. Frankfurt a. M.: Fischer Taschenbuch Verlag, ³¹2000. Die Seitenverweise schließen sich direkt den Zitaten aus diesem Werk an.

Wir wünschen eine Gewinn bringende Lektüre und guten Lernerfolg.

1. Carl Zuckmayer: Leben und Werk

1.1 Biografie

Jahr	Ort	Ereignis	Alter
1896	Nackenheim b. Mainz	Geburt am 27. Dezember; Mutter: Amalia Goldschmidt (1869–1954), jüdischer Herkunft; Vater: Carl Zuckmayer (1864–1947), Weinflaschenfabrikant	
1900	Mainz	Umzug in die Stadt Mainz (um diese Zeit ca. 85000 Einwohner); Carl Z. fühlt sich den Kindern und Familien der Unterschichten verbunden	4
1903–14/18	Mainz	Besuch des Gymnasiums; Notabitur; Kriegsfreiwilliger und Einsatz an der Westfront zuletzt im Range eines Leutnants	18 18–22
1918	Mainz, Frankfurt a. M.	linksorientiertes Engagement an der Frankfurter Universität	22
1919–20	Frankfurt a. M., Heidelberg	Studien u. a. zur Nationalökonomie, Philosophie, Botanik und Biologie; Mitarbeiter an der von Carlo Mierendorff he-	24

Jahr	Ort	Ereignis	Alter
		rausgegebenen Zeitschrift *Das Tribunal*	
1920–21	Berlin	Eheschließung mit Annemarie Ganz, von der er bereits ein Jahr später geschieden wird; ernsthafte schriftstellerische Arbeiten; Misserfolg seines Dramas *Kreuzweg*	24–25
1921–24	Berlin, Kiel, München	zweifelhafte Arbeiten im halbseidenen Milieu Berlins, um seinen Lebensunterhalt zu sichern; Bühnenschriftsteller und Dramaturg in Kiel; innovative und experimentelle Theaterarbeit; Skandal durch eine sehr freizügige Bearbeitung und Inszenierung einer Komödie von Terenz[4] (1923); Rauswurf; Theaterarbeit in München; Bekanntschaft u. a. mit Bertolt Brecht[5]; Rückkehr nach Berlin; Dramaturg am Deutschen Theater in Berlin	25–28
1925	Berlin	Weiterer Misserfolg mit dem Stück *Pankraz erwacht oder*	29

---

4 Terenz (ca. 190 v. Chr.–159 v. Chr.), bekannter Komödienschreiber der Antike. Einzelne seiner Stücke werden noch heute, zumeist in Bearbeitung, gern aufgeführt: *Das Mädchen von Andros, Der Eunuch, Die Schwiegermutter.*

5 Als Zuckmayer mit Brecht zusammentraf, hatte dieser sich bereits mit dem Stück *Trommeln in der Nacht,* für das er mit dem Kleist-Preis ausgezeichnet wurde, einen Namen in der Theaterwelt gemacht. Brecht (1898–1956) war Dramaturg in München, ehe er nach Berlin ging.

Jahr	Ort	Ereignis	Alter
		Die Hinterwäldler; C. Z. heiratet die Schauspielerin Alice Frank, geborene von Herdan.	
		Endlich Durchbruch mit der Komödie *Der fröhliche Weinberg*, für die Zuckmayer mit dem Kleist-Preis ausgezeichnet wird	
1926	Henndorf	Carl Zuckmayer erwirbt ein Haus im Salzburgischen („Wiesmühl" in Henndorf/ Salzkammergut)	30
1927	Berlin	Das Schauspiel *Der Schinderhannes* wird in Berlin uraufgeführt; C. Z. ist auch als Erzähler erfolgreich: *Ein Bauer aus dem Taunus und andere Geschichten* (Erzählungen)	31
1928	Berlin	*Katharina Knie* (Volksstück) uraufgeführt	32
1929		Auszeichnungen: Büchner-Preis und Dramatiker-Preis der Heidelberger Festspiele; zahlreiche andere Arbeiten, u. a. *Rivalen* (Drama) nach einem Stück von Maxwell Anderson[6] und das Drehbuch zu dem Film *Der blaue Engel*	33

---

6   Maxwell Anderson, amerikanischer Schriftsteller (1888–1959)

Jahr	Ort	Ereignis	Alter
		nach Heinrich Manns[7] Roman *Professor Unrat*; Uraufführung des Kinderstückes *Kakadu-Kakadu*	
1930–31	Henndorf; Berlin	Arbeit an der Komödie *Der Hauptmann von Köpenick*; Uraufführung am 5. März 1931 im Deutschen Theater Berlin unter der Regie von Heinz Hilpert	34–35
1933	Henndorf	In Deutschland hat Hitler die Macht übernommen; Rückzug der Familie C. Z. ins ländliche Idyll; Arbeit an Erzählungen und Drehbüchern	37
1934	Wien	Uraufführung des Schauspiels *Der Schelm von Bergen*	38
1935	Berlin	Bücherverbrennungen durch die Nationalsozialisten; auch Zuckmayers Roman *Salwäre oder die Magdalena von Bozen* fällt unter die Brandzensur	39
1936	Berlin	Im Dritten Reich offizielles Veröffentlichungsverbot	40
1938	Wien, Henndorf,	Österreich von Hitler besetzt; C. Z. vorübergehend in der Schweiz; veröffentlicht u. a.	42

---

7   Heinrich Mann (1871–1950) war ein sehr eigenständiger Denker und bedeutender Schriftsteller, der jedoch stets im Schatten seines noch bedeutenderen Bruders Thomas Mann (1875–1955) stand. H. Manns Roman wurde durch die Verfilmung mit Marlene Dietrich in der Hauptrolle berühmt.

Jahr	Ort	Ereignis	Alter
		die autobiografische Schrift *Pro Domo*	
1939–1941	USA	C. Z. wird aus Deutschland ausgebürgert und emigriert in die USA; Tätigkeit als Drehbuchautor in Hollywood und Mitarbeit am Theaterinstitut E. Piscators in New York	43–45
1941	Vermont	Kauf einer Farm in den „grünen Bergen"[8]	45
1945	Vermont; Stockholm	Arbeit an *Des Teufels General*; *Der Seelenbräu* (Erzählung) in Stockholm bei Bermann-Fischer[9] veröffentlicht	49
1946	Deutschland, Schweiz, USA	Nach Kriegsende reist C. Z. im Auftrag der US-Regierung nach Deutschland, um über die kulturelle und politische Situation im Nachkriegsdeutschland zu berichten; Wiedersehen mit den Eltern; Uraufführung von **Des Teufels General** in Zürich	50

8　Das entbehrungsreiche und abenteuerliche Leben, das Carl Zuckmayer mit seiner Familie nach der Emigration aus Deutschland auf der „Backwoods-Farm" in Vermont führte, beschrieb er ausführlich in seiner Autobiografie *Als wär´s ein Stück von mir*, und von seiner Frau Alice Herdan-Zuckmayer stammt das liebens- und lesenswerte Buch *Die Farm in den grünen Bergen* (1949).

9　Gottfried Bermann-Fischer (1897–1995) hatte 1932 die Leitung des berühmten S. Fischer Verlages übernommen. Den Verfolgungen der Nazis konnte er 1938 nur knapp entkommen und emigrierte von Österreich über die Schweiz nach Schweden. In Stockholm gründete er den S. Fischer Exil-Verlag, den er bis 1947 von den USA aus leitete, ehe er diesen mit dem in Deutschland verbliebenen Teil wieder vereinigte.

Jahr	Ort	Ereignis	Alter
1947	Frankfurt a. M.	Aufführung des Dramas in dem behelfsmäßig hergerichteten ehemaligen Frankfurter Börsensaal	51
1949	Konstanz	Das Drama *Barbara Blomberg* uraufgeführt	53
1950	Göttingen	Uraufführung des Dramas *Der Gesang im Feuerofen*	54
1952	Frankfurt a. M., Nackenheim, USA	C. Z. wird mit dem Goethe-Preis der Stadt Frankfurt ausgezeichnet und wird Ehrenbürger von Nackenheim, dennoch will er nicht mehr in Deutschland leben.	56
1957	Bonn	Die Friedrich-Wilhelm-Universität Bonn verleiht C. Z. die Ehrendoktorwürde	61
1958	Saas-Fee (Schweiz)	C. Z. kehrt endgültig nach Europa zurück und zieht nach Saas-Fee (Kanton Wallis)	62
1959		*Die Fastnachtsbeichte* (Erzählung)	63
1960	Wien	Verleihung des Großen Österreichischen Staatspreises an C. Z.	64
1961–1966	Saas-Fee, Zürich	Arbeit an und Veröffentlichung von Bühnenstücken. *Die Uhr schlägt eins* (1961), *Das Leben des Horace A. W. Tabor* (1964) und *Kranichtanz*	65–68

Jahr	Ort	Ereignis	Alter
		(1967); alle drei Stücke hatten eine nur geringe Resonanz bei der Kritik und beim Publikum; C. Z.s Autobiografie *Als wär´s ein Stück von mir* (1966) hingegen wurde ein Best- und Longseller	
1972	Düsseldorf	Verleihung des Heinrich-Heine-Preises	76
1975	Zürich	C. Z. letztes Stück *Der Rattenfänger* wird in Zürich uraufgeführt; auch dieses Stück erringt kaum mehr als einen Achtungserfolg	79
1977	Saas-Fee	Tod Carl Zuckmayers am 18. Januar, zu Beginn seines 81. Lebensjahres	80

1.2 Zeitgeschichtlicher Hintergrund

Bei Carl Zuckmayer brauchen wir nicht lange nach prägenden Momenten in seinem eigenen Leben zu suchen. Er selbst hat sie mitgeteilt. Wir stellen einige Zeilen aus seinem „Kurzportrait" an den Anfang dieses Teilkapitels:

> „Die Daten meines Lebenslaufs sind bekannt und besagen nichts. Schulzeit, Kriegszeit, Wanderzeit, Theaterarbeit, Misserfolge, Erfolge, Emigration, Farmzeit, Wiederkehr, Weitermachen. Die Geheimnisse, die bedeutsam sind, stehen zwischen den Zeilen dessen, was ich schreibe. Wer es versteht, kann es herauslesen. Da ich immer meine eigenen Zweifel und Bedenken habe und mir nichts leicht fällt, lasse ich mich durch nichts entmutigen. Ich lebe gern und habe nichts dagegen, eines Tages zu sterben."[10]

Mit beinahe angelsächsischem ‚understatement' führt Zuckmayer lapidar die Stationen seines Lebens auf. In ihnen findet er zu seiner ‚Lebensphilosophie', die von ihm nicht systematisch beschrieben, doch in ihren wiederkehrenden Momenten in seinem Werk vielfach abzulesen ist. Das „zwischen den Zeilen" Stehende ist der Ausdruck seines Beheimatetseins in unserer Welt, voller Zuversicht und Demut, im inneren Einklang mit sich und mit allen Schöpfungen Gottes. Carl Zuckmayer hat diese Harmonie für sich erreicht und nicht versäumt, durch seine Dichtung andere Menschen daran teilhaben zu lassen.[11] Die Gnade, das Leben als ein kostbares Geschenk

> Ein Leben in Demut und im inneren Einklang mit sich und den Schöpfungen Gottes

---

11 vgl. Thomas Ayck, S. 8
10 Carl Zuckmayer, *Versuch eines Kurzportraits*, in: C. Z., *Die langen Wege*, S. 10

zu erkennen, ist ihm von Geburt an zuteil geworden. Er hat stets daran gearbeitet, sich dieser Gnade bewusst zu bleiben. Das ist in seinem bewegten Leben nicht immer einfach gewesen. Es gibt Phasen, in denen er weder die Kraft noch die Zeit gefunden hat, etwas zu Papier zu bringen, auch Momente der Unsicherheit und des Zweifelns.

Zwei bedeutsame Lebensabschnitte legen den Grund für Zuckmayers schriftstellerische Berufung: Seine Kindheit und Jugend in Mainz, sodann die Teilnahme am Ersten Weltkrieg. Wie tief gehend die Eindrücke seiner Lebensjahre in Nackenheim und Mainz sind (strenge Schulzucht, katholische Feierlichkeit, Kluft zwischen Arm und Reich, Schönheit der Natur, Ängste und Freuden des Heranwachsenden), klingt uns immer wieder aus Zuckmayers Betrachtungen und Erinnerungen entgegen. Besonders liebevoll geht er auf die landschaftlichen Besonderheiten, ihre Schönheit und den Katholizismus der Menschen seiner engeren Heimat ein, in *Sprache, Strom und Leben* etwa, *Taunuswiese* oder *Mainz, versunkene Stadt*.[12] -

Der Erste Weltkrieg ist für ihn „wie ein dunkler, verworrener Traum".[13] Aus dem Ungeheuren, das sich dann entfaltet, taucht er plötzlich klar sehend auf und sucht ihm durch Flucht in die Welt der Bücher zu entgehen. Wie ein Schwamm saugt er die zeitgenössische Kunst und Literatur auf: die moderne Malerei, die Gedichte der Expressionisten Heym und Trakl. Später kommen andere hinzu, die sein Welt- und Menschenbild bestimmen.[14] Carl Zuckmayer reift an der Kunst und im Umgang mit Menschen unterschiedlichster Herkunft und unterschiedlichsten Charak-

---

12 vgl. Carl Zuckmayer, *Die langen Wege*, S. 23–36
13 Carl Zuckmayer, *Als wär´s ein Stück von mir*, S. 236
14 Thomas Ack, S. 30

ters, die doch das ‚Rohmaterial' für einen Dramatiker sind, der lebendiges Leben auf die Bühne bringen will. Seine vorübergehende Hinwendung zu den Sozial-Pazifisten und seine Mitarbeit an der Zeitschrift *Tribunal* nach dem Ende des Krieges sind von begrenzter Dauer. Nicht so seine Freundschaft mit Carlo Mierendorff, dem er unendlich viel zu verdanken hat. Dennoch erkennt der angehende Dramatiker, dass diese Art von (politischer) Literatur, die im Kreis um Mierendorff produziert wird, nicht seinen Ausdruckserwartungen und -möglichkeiten entspricht. Er lebt seinen Drang zu naturhafter Lebendigkeit aus – im Alltag liebend, saufend, raufend, aber auch ernsthaft schreibend – und fetzt ein dem Expressionismus stark verpflichtetes Bühnenstück (*Kreuzweg*, 1920) hin. Es zeigt ihn noch keineswegs als **den** ‚Dramatiker von morgen'. Von Alfred Kerr, dem gefürchteten und führenden Theaterkritiker jener Jahrzehnte, wird das Stück in der Luft zerrissen. Aber Zuckmayer hat ‚Witterung' aufgenommen, er weiß, wo seine Begabung liegt, was ihm – gänzlich unabhängig von herrschenden Ideologien – in seinem Schreiben wichtig ist: Das Leben darzustellen „verschworen jenem irdisch-himmlischen Dreigestirn (...), auf das sich all unser Glaube und unsere Hoffnung gründet: Schönheit, Wahrheit, Menschlichkeit."[15] Diesem Ideal bleibt er als Mensch und Künstler fortan treu. – In den ihn persönlich hart treffenden Jahren der Naziherrschaft, durch die er ins Exil getrieben wird, festigt sich seine Grundeinstellung zum Leben und zu den Menschen noch mehr. Trotz größten Zorns und beinahe ohnmächtigen Schmerzes – er hat seine Heimat verloren und erlebt die beginnende Vernichtung aller Kulturwerte – ist

---

15 Carl Zuckmayer, *Die langen Wege*, S. 123

Heimaten: Deutschland – Österreich – USA – Schweiz

er dennoch fähig, ein menschliches und versöhnliches Credo zu formulieren:

„Ich glaube, es ist belanglos, in welche Himmelsrichtungen man sich wendet: Der innere Weg liegt klar und offen vor uns (...). Wir sollen leben: aber in einer freien und menschenwürdigen Welt. Wo diese Welt bereitet, wo ihrem Sinn und ihrer Luft entgegengeatmet wird: Dort steht unser Haus, dort geht es um unsere Sache. Und unterm Himmel dieser klaren Entscheidung mag die Kunst (...) über die Grenzen ihres Ursprungs hinauswachsen."[16]

Als Carl Zuckmayer nach den Jahren im Exil und der Zerschlagung Nazi-Deutschlands seine Heimat im Auftrage der amerikanischen Regierung wieder betritt, weiß er, dass er nicht bleiben wird. Es sind nicht nur die Nachkriegszustände, die ihn davon abhalten: „Vom ersten Augenblick, in dem ich deutschen Boden betreten hatte (...), wusste ich, dass ich kein Amerikaner bin (...). Aber auch in Deutschland waren wir nicht mehr wirklich zu Hause. Da war ein Schatten, den man nicht überschreiten konnte (...)." Er weiß aber auch, dass er alles verloren hat, was seinem Leben Sinn und Wert verliehen hatte, die Heimat: „Jetzt, nach der Wiederkehr", schreibt er weiter, „war ich erst wirklich heimatlos geworden und wusste nicht, wie ich je wieder Heimat finden sollte."[17]

Im Jahr nach der Uraufführung von *Des Teufels General* erkrankt Carl Zuckmayer schwer. Die Gewissheit um den endgültigen Verlust seiner deutschen Heimat und die Folgen

---

16 Carl Zuckmayer, *Die langen Wege*, S. 127 f.
17 Carl Zuckmayer, *Als wär´s ein Stück von mir*, S. 546 f.

körperlicher, seelischer und geistiger Überanstrengungen fordern ihren Tribut. Noch auf dem Genesungsbett greift er schöpferisch nun aber noch weiter aus, indem er versucht, „die ganze Welt- und Lebensfülle einer Zeit, ihre Tode, ihr Grauen, aber auch seine Überwindung aus menschlichen und übermenschlichen Kräften einzufangen."[18] Gottessuche, Gottglaube und eine in tiefer Dankbarkeit angenommene Weltzugehörigkeit vertiefen sich in seinem weiteren literarischen Schaffen und täglichen Handeln. Sie finden ihren Lebensgipfel im letzten ‚Exil', das Zuckmayer diesmal freiwillig 1958 betritt: im Wallis.

Hier beginnt ein besonderes Kapitel, in dem Carl Zuckmayer seinem dramatischen Werk keinen Gipfelpunkt mehr aufsetzen kann, wohl aber seinem gesamten Dasein und Schaffen mit dem beglückend aufrichtigen, humorvollen und abgeklärten Lebensrückblick *Als wär's ein Stück von mir*. Saas-Fee ist ihm und seiner Frau seit 1938 bekannt, als sie das Bergdorf erstmals nach einer ausgedehnten Fußwanderung durchs Hochgebirge erreichen. Sie kehren noch öfter dorthin zurück, werden heimisch und bekannt mit den Menschen des Ortes, in dem sie sich 1958 für ihren letzten gemeinsamen Lebensabschnitt niederlassen. Schwärmerisches und zuweilen Pathetisches klingt bei Zuckmayer durchaus vertraut, aber keinem Ort der Welt, an denen er sich aufgehalten hat, schenkt er Worte wie dem Dorf hoch oben im Wallis, das von majestätischen Viertausendern umgeben ist: „Jeder Tag, den ich nicht hier in Saas-Fee verbringe, ist für mich nur ein halber Tag. Nur hier lebe ich

> letzte Heimat:
> Saas-Fee im Wallis

---

18 Carl Zuckmayer zitiert in Thomas Ack, S. 125; das Zitat bezieht sich auf das Drama *Der Gesang im Feuerofen*.

ganz."[19] Die grandiose Naturlandschaft feiert er nicht mehr mit begeisterter Schwärmerei wie in den Jahren der ersten Besuche. Für ihn ist alles heilige Erde und Erleben der Schöpfung, jeden Tag neu. In Saas-Fee weiß er sich angenommen und geborgen, und so fasst er seine Empfindungen in Worte, in denen sich letzte Erkenntnis, Weisheit und ein heimlicher Triumph vereinen, endlich am Ziel zu sein:

> *„Ich schaue ins Tal, dort laufen die Wege zusammen, die vielfach verschlungenen, die ich gegangen bin, und ich hebe meine Augen auf zu den Bergen: Dahinter ist die Unendlichkeit, welche durch alle Weltraum- und Kernforschung nie ganz ergründbar sein wird, so wie der Tod, der Austritt aus dem bewussten Leben, der große Übergang, durch alle Findung der Biologie und Genetik nie seines letzten Geheimnisses entkleidet (...). Ich schaue aus dem Fenster meines Arbeitszimmers, unter dem Giebel, in die Mondnacht und weiß: Solange ich hier stehen und atmen kann, solange mich keine Unbilden des Alters oder des Zeitgeschehens von hier vertreiben, bin ich ein mächtiger Mann."*[20]

---

19 Carl Zuckmayer am 18. Januar 1977, zitiert nach Werner Imseng, *Carl Zuckmayer in Saas-Fee*, S. 7
20 Carl Zuckmayer, *Als wär´s ein Stück von mir*, S. 559

1.3 Angaben und Erläuterungen zu wesentlichen Werken

Zuckmayers umfangreiches Werk umfasst alle wesentlichen literarischen Ausdrucksformen. Es bewegt sich zwischen „politischer Realitätserfassung und märchenhafter Weltbeschreibung"[21], wie Th. Ayck es auf einen Nenner zu bringen versucht. Zuckmayer war Erzähler, Lyriker und Dramatiker.

Es sind drei ihrem Inhalt und Charakter nach ganz unterschiedliche Stücke, die seinen Ruf als einen der großen Bühnenschriftsteller unseres Jahrhunderts begründeten: Das Volksstück *Der fröhliche Weinberg*, Die Komödie *Der Hauptmann von Köpenick* und die Tragödie *Des Teufels General*. Mit ihnen erreichte Zuckmayer auch das breite, nicht nur akademische Publikum. Dazu leistete das Medium Film zweifellos durch die Schauspielkunst und Beliebtheit großer deutscher Schauspieler wie C. Jürgens oder H. Rühmann einen förderlichen Beitrag. (⇒ **2.2**) Es wäre ungerecht, in diesem Zusammenhang die Verfilmung des *Schinderhannes* nicht zu erwähnen (1958) und die große Zahl anderer Filme, für die Zuckmayer die Drehbücher geschrieben oder an denen er mitgewirkt hat, u. a. *Der blaue Engel* (1930), *Escape me never* (1935), *Rembrandt* (1936), *Entscheidung vor Morgengrauen* (1951), *Eine Liebesgeschichte* (1954) oder die deutsche Fassung des Films *Der Mann mit dem goldenen Arm* (1955) nach dem Roman des Amerikaners Nelson Algren.

Carl Zuckmayers kontinuierlich gewachsenes Werk, das während des Ersten Weltkrieges seinen Anfang nahm (erste expressionistische Lyrik; Prosa) kann nur vordergründig in

---

21 Thomas Ayck, S. 12

unterschiedlich akzentuierte Abschnitte gegliedert werden. In

breites, kontinuierlich gewachsenes Werk, entstanden in drei großen Schaffensabschnitten

Wirklichkeit ist sein gesamtes Werk ein einziger Kniefall vor der Schöpfung und dem Leben, in dem sich wohl drei Schaffensabschnitte erkennen lassen, die durch die zuvor skizzierten einschneidenden Zeitereignisse und seine Biografie bestimmt sind.

Während des gesamten ersten Schaffensabschnittes (1922–1933) fand der Autor in den erfolgreichen Bühnenstücken *Der fröhliche Weinberg*, *Der Schinderhannes* und *Katharina Knie* seinen eigenen unverwechselbaren Ton und galt seitdem als ‚Volksdichter'. Zuckmayers Bühnenschaffen bis zu diesem Zeitpunkt wird von K. Kathrein mit folgenden Worten charakterisiert: „Formale Probleme erschienen ihm zweitrangig gegenüber seinem Grundthema: Leben und Mensch (...). In allen Stücken gilt als höchstes Gesetz das Leben, und es triumphiert immer."[22] Mit *Der Hauptmann von Köpenick* erreicht Zuckmayer darin einen Höhepunkt, in dem aber bereits eine neue, zeitkritische Tendenz hörbar wird. Carl Zuckmayer selbst interpretierte dieses Stück, das sein bekanntestes und erfolgreichstes werden sollte, „nicht nur (als) eine Warnung zeitgemäßer Art, sondern über die Zeit hinaus (...), als eine Auflehnung des Menschlichen gegen die Verschwörung der Bürokratie in der ganzen Welt."[23]

Im zweiten Schaffensabschnitt, er fällt in die Zeit seines europäischen und frühen amerikanischen Exils (1933–1939), dominierten zunächst Erzählungen, Drehbücher, persönliche Erinnerungen und Bühnenstücke mit vorwiegend unpolitischen Themen, *Der Schelm von Bergen* (1934) etwa oder *Ulla Winblad* (1938), in denen sich nach Auffassung S. Mews

---

22 Karin Kathrein, S. 446
23 Carl Zuckmayer, *Aufruf zum Leben*, S. 160

„höchstens eine versteckte Aktualität"[24] andeutet. Erst mit *Des Teufels General* entstand wieder ein aktuelles Zeitstück, dem mit *Barbara Blomberg* (1949), *Der Gesang im Feuerofen* (1950) und *Das kalte Licht* (1955) weitere Stücke mit aktuell-politischem Inhalt folgten. Aus diesen Jahren datieren aber auch zahlreiche Essays, Erzählungen, Drehbücher und Bühnenstücke, in denen sich Zuckmayers Verhältnis zur politischen Wirklichkeit als „brüchig" zu erkennen gab. Dass er in seinem tiefsten Wesen ein unpolitischer Schriftsteller war, ganz anders als der zu diesem Zeitpunkt auf dem Gipfel seines zeitkritischen Theaters stehende Bertolt Brecht[25], machte vor allem der Essayband *Die langen Wege* schon 1952 sehr deutlich. Die darin versammelten Erinnerungen, Besinnungen und Ansprachen gaben ihn als denjenigen zu erkennen, der sich immer neu an bleibende Werte herantastete und diese im Einklang mit sich und der Natur zu vermitteln versuchte.

In seinem letzten Schaffensabschnitt – die Jahre des Rückzugs in das Schweizer Bergdorf Saas-Fee zwischen 1958 und 1977 – verstärkte sich in Zuckmayers Schreiben diese Tendenz zu harmonisierender Verinnerlichung. Als Beispiele erwähnen wir *Die Fastnachtsbeichte* (1959), die Lebenserinnerungen *Als wär´s ein Stück von mir* (1966) sowie die Erinnerungen an seine Jahre im Salzburgischen unter dem Titel *Henndorfer Pastorale* (1972). Die ‚Zeitgeschichte bildet für das Drama um General Harras und Oderbruch, für *Der Gesang im Feuerofen* und *Das kalte Licht* zweifellos einen gemeinsamen Rahmen. Im erstgenannten Drama in

> Verarbeitung zeitkritischer Themen, dennoch keine ‚politische' Literatur

dem es ebenfalls um ein Widerstandsthema, geht, diesmal in

---

24 Siegfried Mews, *Die unpolitischen Exildramen Carl Zuckmayers*, in: Harro Kieser (Hg.), *Materialien*, S. 72
25 siehe Fußnote 5 zu Bertolt Brecht

dem von den Deutschen besetzten Frankreich, wird erneut die Schuldfrage angesprochen: Widerstandskämpfer werden durch Verrat in einen Hinterhalt gelockt und verbrennen in einem Schloss, das von deutscher Feldpolizei angezündet wird. Wie schuldig ist der Verräter? – In *Das kalte Licht* griff Zuckmayer ein weiteres hochaktuelles Thema auf: Ein Atomspion, der einen Atomkrieg verhindern will, begeht Geheimnisverrat und wird enttarnt. Im Zentrum dieses Stückes steht wieder das Thema einer Gewissensentscheidung und die Frage nach ihrer Bewertung. Beide Stücke blieben und bleiben in der Akzeptanz des Publikums und der Kritik deutlich hinter *Des Teufels General* zurück, das erste, weil in ihm „Melodramatik und Vulgärphilosophie, ein Verkündigungsantrieb und pathetische Spruchweisheiten"[26] allzu vereinnahmend sind, und das zweite, weil in ihm eine unrealistische Geschichtsauffassung hervortritt und das Stück dem Vorwurf des „Schein-Realismus und der Kolportage"[27] aussetzen. Trotz ihrer zeitgeschichtlichen Thematik gehören diese Dramen jedoch nicht zum Katalog explizit ausgewiesenen politischen Theaters, weil der Autor sich nicht wirklich engagiert einmischte und weil es ihm nicht um das rückhaltlose Aufdecken unhaltbarer politischer Zustände ging. ($\Rightarrow$ **4.**) Carl Zuckmayer wollte etwas ganz anderes, nämlich „im Drama die Ganzheit der Schöpfung darstellen, die grundsätzliche Einheit von Natur und Mensch, die in gemeinsamer Teilhabe am Göttlichen wurzelt."[28] Die historisch und zeitgeschichtlich orientierten Stücke – man kann auch das letzte Stück *Der Rattenfänger* (1975) mit einschließen – stellen sich somit nicht als punktuel-

---

26 Thomas Ayck, S. 127
27 Thomas Ayck, S. 127
28 Hans Wagener, *Carl Zuckmayers Dramentheorie*, in: Harro Kieser (Hg.), S. 139

le, politisch dezidierte Einzeläußerungen dar, die aus dem Gesamtwerk dieses einzelgängerischen Dichters abzuheben wären. Sie sind vielmehr wie alles von ihm Geschriebene Ausdruck des ganzen Menschen und Künstlers Carl Zuckmayer, dem es neben der Achtung vor dem höchsten Gut des Lebens immer auch um Toleranz und Verständnis als ewig gültige Werte der Menschheit ging:

> *„Er ist im Leben zu Hause, er bestellt sein Haus, mit welchen Mitteln und unter welchen Umständen auch immer (...) Hier hat sich einer nicht gescheut, das Leben anzunehmen wie ein Geschenk und weiter zu geben wie ein Geschenk. Ohne Dialektik, vital, weltfromm und nobel sind die Herausforderungen des 20. Jahrhunderts bestanden – immer identisch mit sich selbst und also, wenn man will, auch undramatisch."*[29]

---

29 Ingeborg Drewitz, *Im Leben zu Hause*, in: Harro Kieser (Hg.), S. 21

2. Textanalyse und -interpretation

2.1 Entstehung und Quellen

Carl Zuckmayer arbeitete zwischen 1942 und 1945 im entfernten US-Bundesstaat Vermont, in dem er nach der Emigration aus Deutschland vorübergehend seine neue Heimat gefunden hatte, an dem Drama *Des Teufels General*. Den ersten Entwurf widmete er „Dem unbekannten Kämpfer" (C. Z., *Des Teufels General*, S. 6). Der 1. Akt wurde während des Winters 1942/43 vollendet. Als das Stück im Juli 1945 fertig gestellt war, schrieb er die Widmung um zum Gedenken an seine Freunde Theodor Haubach, Wilhelm Leuschner und Graf Hellmuth von Moltke (⇒ 2.5), die dem deutschen Widerstand angehörten und von Nazis ermordet worden waren. Carl Zuckmayer fühlte sich aufgerufen, dieses Stück zu schreiben, das ihn mehr als drei Jahre in Beschlag nahm:

> *„Für den ersten Akt und den Entwurf des letzten hatte ich knappe drei Wochen gebraucht. Für den Mittelakt und zur Vollendung des Ganzen brauchte ich mehr als zwei Jahre. Wochenlang kam ich durch die tägliche Arbeit nicht zum Schreiben. Aber ich lebte mit dem Stück, ich lebte mit Deutschland."*[30]

Den ersten Anstoß zu seinem Drama erhielt Carl Zuckmayer durch eine Nachricht, die 1941 durch die deutsche Presse ging. Der verdiente Jagdflieger aus dem Ersten Weltkrieg, Ernst Udet (⇒ 2.5), war bei einem Testflug eines neuen

---

[30] Carl Zuckmayer, *Als wär´s ein Stück von mir*, S. 52

Maschinentyps abgestürzt und wurde mit einem Staatsbegräbnis geehrt. Zuckmayer, der Udet aus früheren

Jahren kannte, wusste, dass dieser kein Freund der Nazis gewesen war, sich dennoch dem Regime zur Verfügung gestellt hatte, um weiterfliegen zu können. „Udets Absturz", schreibt Thomas Ayck, „verwandelte sich für Zuckmayer in die Tragödie eines politisch verstrickten Mannes."[31]

Das Thema lag in der Luft. Viel war geschehen in den Jahren zwischen 1941 und 1945, u. a. die schweren Verluste vor Moskau (Winter 1941/42), das Verhängnis von Stalingrad (1942/1943), das zum Symbol des verlorenen Krieges wurde, schließlich das missglückte Attentat vom 20. Juli 1944, nach dem Hitler umso härtere Vergeltung übte. Von 1942 bis 1945 wurde Deutschland unter dem Bombenhagel der Alliierten zertrümmert. Obwohl der Krieg militärisch bereits entschieden war, gab es bis zuletzt größenwahnsinnige Opfer- und Durchhalteparolen. Dass aber ausgerechnet Carl Zuckmayer – weit weg von den Geschehnissen in Deutschland – in seinem Drama die Personen, das Zeitkolorit und den in Deutschlands militärischen Kreisen herrschenden Ton so genau treffen konnte, löste Verblüffung und Bewunderung aus, als das Stück an die Öffentlichkeit gelangte. Es erschien 1946 bei Bermann-Fischer in Stockholm. Zuckmayer, dem Hause Fischer lange verbunden, zählte zu den renommiertesten Autoren des Verlags. In seinen Aufzeichnungen schreibt der Verleger Gottfried Bermann-Fischer: „Das Stockholmer Verlagsprogramm für die Jahre 1946 und 1947 (...) bewies hohe Qualität. (...) Überglänzt aber war das Programm von zwei Werken: Thomas Manns *Doktor Faustus* und Carl Zuckmay-

---

31 Thomas Ayck, S. 115

ers *Drama Des Teufels General.*"[32] Die Uraufführung des Stückes fand im Dezember 1946 in Zürich unter der Regie von Heinz Hilpert[33] statt. Der Erfolg war überwältigend. Die übereinstimmende Meinung der Menschen zu dem Stück kommt in den Worten Carl Jakob Burckhardts am besten zum Ausdruck, wie Carl Zuckmayer mit Stolz und Genugtuung in seinem Erinnerungsbuch schrieb:

> *„Er sagte mir als Erster, was ich nachher von unzähligen Menschen in Deutschland hörte: So wie in diesem Stück – so ist es gewesen. Und es sei jene Wahrheit, die nicht dokumentiert, die nur gedichtet werden kann und nicht mit Hass, nur mit Liebe ausgesprochen."* [34]

Erst ein Jahr später, im November 1947, wurde das Drama zum ersten Mal in Deutschland aufgeführt (Frankfurt a. M.), wieder unter Hilperts Regie, ebenso vollkommen und nicht weniger aufrüttelnd. Dass man das Stück erst so spät in Deutschland spielen konnte, lag an der damaligen „re-education"-Politik der Alliierten.[35] Sie befürchteten einerseits ein Aufflammen des alten preußischen Geistes, andererseits das Gegenteil, den Aufruhr jener, deren Bitternis und Hass auf die Führungsclique, von der genug überlebt hatten, noch nicht getilgt waren. Neben großer Begeisterung löste das Drama in Deutschland heftige und teilweise sehr kontroverse Diskussionen aus. Vor allem die Jugend stellte Fragen,

---

32 Gottfried Bermann-Fischer, *Bedroht-Bewahrt*, S. 254 f.
33 Heinz Hilpert hatte bereits 1931 Zuckmayers *Der Hauptmann von Köpenick* brillant inszeniert und sich leidenschaftlich für den jungen Dramatiker verwendet.
34 Carl Zuckmayer, *Als wär´s ein Stück von mir*, S. 546
35 Die „re-education"-Politik der Alliierten im von ihnen besetzten Nachkriegsdeutschland war darauf ausgerichtet, den Nationalsozialismus im politischen und gesellschaftlichen Leben sowie in den Köpfen der Menschen auszulöschen.

und Carl Zuckmayer wich ihnen nicht aus. Ist (Oderbruchs) Widerstand gerechtfertigt? – Wie sinnvoll ist er? – Welches Vorbild geben General Harras und seine Offiziere ab? – Vertritt Zuckmayer die These von der Kollektivschuld der Deutschen? Mit 3238 Aufführungen wurde *Des Teufels General* zwischen 1947 und 1950 jedenfalls „zum größten Nachkriegserfolg überhaupt."[36] Diese Zahl belegt hinreichend, wie sehr sich die Menschen von diesem Stück Antworten auf ihre Frage erhofften. Mit Sicherheit hat auch die deutsche Verfilmung (Regie: Helmut Käutner, 1954) dem Stück zu einem zusätzlichen Popularitätsschub verholfen.

> überwältigender Erfolg, aber schwierige Rechtfertigung in der Öffentlichkeit

Zuckmayer stand der Öffentlichkeit auch selbst Rede und Antwort. Man sah ihn in Schulen und Universitäten; man las seine Beiträge in der Presse. Immer wieder ging er dabei mit sich zu Rate. Schließlich zog er das Stück 1963 zurück. Er arbeitete Szenen des Dramas um und erstellte etliche Neufassungen, um zu einem klaren Bild dessen zu kommen, was er mitteilen wollte: Rechtfertigung der Männer des Widerstandes; Trennung des ‚besseren Deutschlands' von jenen, die verbrecherisch gehandelt haben, und damit die Ablehnung jeder kollektiven Schuldzuweisung an die Deutschen.

Das Resultat war ein veränderter Schlussdialog (Harras/ Oderbruch), mit dem das Drama in der Theaterspielzeit 1966/67 auf die deutschen Bühnen zurückkehrte. Noch einmal entzündete es heftige Kontroversen beim Publikum und bei der Kritik. Allmählich versandete dann die Diskussion, und Zuckmayers *General* wurde von ‚moderneren' Stücken verdrängt, von denen einzelne schon einige Jahre zum

---

36 Hans Daiber, *Deutsches Theater*, S. 72

festen Repertoire gestandener Theater zählten: Max Frischs *Andorra* (1961), Heinar Kipphardts *Der Hund des Generals* (1962); Friedrich Dürrenmatts *Die Physiker* (1962), Rolf Hochhuths *Der Stellvertreter* (1963), Peter Weiss' *Die Ermittlung* (1965), Armand Gattis *Der schwarze Fisch* (1966). – Auch im Ausland fand das *Des Teufels General* sein Publikum. 1953 wurde das Stück in London mit großem Erfolg aufgeführt, in den USA in einer englischsprachigen, stark veränderten Fassung hingegen erst 1979.[37]

---

37 vgl. Siegfried Mews, *Grundlagen*, S. 65

2.2 Inhaltsangabe

Zuckmayer selbst fasst in einer knappen Synopse den dramatischen Knoten seines Dramas zusammen:

> *„Eine Reihe von Flugzeugunfällen innerhalb der Luftwaffe, die offenbar auf Material- oder Maschinendefekte zurückzuführen sind, haben den Verdacht aufkommen lassen, dass eine geheime Sabotage-Organisation am Werke ist. General Harras, der als Leiter des technischen Amtes die Verantwortung für die Kontrolle der Maschinen trägt, hat Grund zu der Annahme, dass diese Sabotage-Akte von der Gestapo inszeniert sind, um ihn und andere Persönlichkeiten zu liquidieren, und die Luftwaffe in die Hände der SS zu spielen."*[38]

1. Akt (Höllenmaschine)

In „Ottos Restaurant" wird ein größeres Fest vorbereitet. Zwei Kellner sind damit beschäftigt, für Genral Harras' Soirée die letzten Handgriffe zu erledigen. Ihr Ton ist heiter. **François,** ein Zivilinternierter, ist froh, dass er eine so gute Arbeit gefunden hat. Aufgeregt werden sie von Otto unterbrochen, der ihre Mithilfe einfordert. Sie lassen ihn ziemlich gelangweilt abfahren. – Von draußen sind bald darauf Stimmen zu hören. General **Harras** erscheint mit einer Reihe hochgestellter Gäste. Der zweite Kellner, **Detlev,** schaltet in einem unbeobachteten Moment gerade noch rechtzeitig vor Beginn der Festlichkeit ein verstecktes Mikrofon ein. Neben Harras sind erschienen: **Lüttjohann,** Adjutant; **Mohrungen,** Präsident des Beschaffungsamtes für Rohme-

---

38 Carl Zuckmayer, *Als wär´s ein Stück von mir*, S. 463

talle; **Pützchen**, Mohrungens Tochter; **Anne**, Frau des be-
kannten Flieger-Asses Eilers; **Baron Pflungk**, Attaché im
Außenministerium; **Dr. Schmidt-Lausitz**, Kulturleiter im
Ministerium für Volksaufklärung und Propaganda. Letzterer
ist gekommen, um mit Eilers ein Interview zu vereinbaren.
Harras, der dem Alkohol kräftig zuspricht, macht sich unge-
niert über den Vertreter der Kultusbürokratie lustig. (12) Er
verachtet den Nazi-Apparat und die dazugehörigen Vasallen.
Noch kann er es sich leisten, so schnoddrig-arrogant aufzu-
treten, denn er genießt höchstes Ansehen. – Man hat sich
miteinander bekannt gemacht und unterhält sich angeregt.
Dabei drängt sich Pützchen auffällig in den Vordergrund.
Sie ist mit Leutnant Hartmann aus der Jagdstaffel Eilers ver-
lobt, lässt sich jedoch die Komplimente von Baron Pflungk
gern gefallen. (16) – Abseits haben Harras und Mohrungen
eine kurze intensive Unterredung über die Flugzeugabstürze
ohne Feindeinwirkung, die sich in der letzten Zeit gehäuft
haben. Sie werden von Schmidt-Lausitz unterbrochen, der
neugierig hinzugetreten ist. Harras und Mohrungen setzen
ihr Gespräch nicht fort. – Anne und ihr Mann Friedrich
Eilers, denen sich Harras zuwendet, freuen sich auf den Ur-
laub. Man unterhält sich über Privates; doch will bei Friedrich Eilers keine Lockerheit aufkommen. Er wird auch nicht
froher, als einige frisch dekorierte Kameraden aus der Fliegerstaffel hinzukommen, unter ihnen auch Leutnant **Hartmann**, ein feiner junger Offizier, der von seiner Verlobten
wenig liebenswürdig begrüßt wird. (22) Harras hingegen begrüßt lautstark seinen alten Frontkameraden Pfundtmeyer,
den er lange nicht gesehen hat. Die Gespräche in der
inzwischen angetrunkenen Gesellschaft sind teils derb-hei-
ter, teils ernst angesichts der Kriegssituation, die – nunmehr
im dritten Jahr – nicht allzu rosig erscheint.

Weitere Gäste treffen ein. Es sind Schauspielerinnen und Sängerinnen, die zu einem Ball, den Göring gibt, eingeladen worden sind. (26) Harras freut sich, **Olivia Geiß** zu begrüßen, eine Operettendiva, die er schon lange kennt. In ihrer Begleitung ist **Diddo Geiß**, ihre neunzehnjährige Nichte. Harras ist beeindruckt von dem jungen Mädchen, und auch er scheint ihr zu gefallen. Olivia, die den Tausendsassa Harras gut genug kennt, ist beunruhigt, denn sie weiß aus eigener Erfahrung, was aus dieser Situation entstehen könnte. Die dritte Neuhinzugekommene ist **Lyra Schoeppke**, ebenfalls Sängerin. Baron Pflungk stellt den Damen die übrigen Anwesenden vor. Man unterhält sich über Operettenaufführungen, und Mohrungen macht Olivia artig Komplimente. Fast wie nebenbei erfährt die Runde von Diddo, dass Hitler an die Ostfront geflogen sei. Harras will diese Nachricht durch einen Anruf im Ministerium bestätigt haben. – Inzwischen wird die Gesellschaft zu Görings Souper gebeten. Die jungen Leute lassen sich die Gelegenheit nicht entgehen. Harras, Eilers, Schmidt-Lausitz, Pflungk und Mohrungen bleiben zurück. Lüttjohann bestätigt Diddos Aussage und berichtet außerdem, dass sich der deutsche Angriff vor Moskau festgefahren habe. (31) Schmidt-Lausitz gibt dazu einige Erklärungen ab, die niemand der übrigen Anwesenden ernst nimmt. Er nimmt die Gelegenheit wahr, um Eilers, der gänzlich unvorbereitet ist, rasch zu einem Interview in ein Nebenzimmer zu bitten. – Harras äußert sich sehr pessimistisch zur Kriegslage. Als Pützchen den Baron Pflungk zu einem Tanz entführt, sind Harras und Mohrungen allein. Sie nehmen den Gesprächsfaden wieder an der Stelle auf, an der sie zuvor unterbrochen worden sind. Harras äußert sehr freimütig seine Ansicht über die Ursache der Flugzeugunglücke (Sabotage mit System) und will nicht ausschließen, dass man planmäßig daran arbeitet, ihn dadurch auszuschalten. (39) Harras hofft mit Hilfe des sehr zuverlässigen und loyalen Chefingenieurs Oderbruch die Hintergründe aufdecken zu können. Zusammen mit Mohrungen geht er dann ins Nebenzimmer zu Görings Ball, auf dem schon die ausgelassenste Stimmung herrscht. (43) – Friedrich und Anne Eilers, die sich einen Augenblick zurückgezogen haben, sind zuversichtlich, dass Deutschland trotz allem den Krieg gewinnen werde. – Stark angetrunken kommt Harras nach einer Weile in den Raum zurück, gestützt von Olivia und Diddo. (45) Charmant macht der General dem jungen Mädchen, das auch beschwipst ist, den Hof. Olivia interveniert heftig; sie zieht Harras beiseite, der ihr verspricht, Diddo nicht zu verführen. (48) – Unvermittelt erzählt ihm Olivia von einem jüdischen Ehepaar, das sich in höchster Gefahr befinde. Harras, schlagartig ernüchtert, verspricht Hilfe. Er beauftragt unverzüglich seinen Chauffeur **Korrianke**, dieses Ehepaar zum Flugzeug zu bringen, das für ihn selbst, versehen mit Routenkarten für die Schweiz, startklar im Hangar steht. – Görings Festgesellschaft löst sich auf, und einige der Gäste, die vorher bei Harras waren, kommen nun zurück. Harras und seine Fliegerkameraden sprechen dem Alkohol weiter kräftig zu und lassen sich den Wein auftischen, der ursprünglich für Erich Maria Remarque, den berühmten, in die USA emigrierten Schriftsteller, reserviert worden war. (54) Schmidt-Lausitz lässt sich zu einer bösen Verbalattacke gegen die Juden hinreißen. Harras reagiert sehr scharf. Schmidt-Lausitz verlässt daraufhin ziemlich unvermittelt die Gesellschaft. – Die Stimmung wird immer ausgelassener, bis Lüttjohann spät in der Nacht seinen General mit der Nachricht überrascht, dass wegen der kritischen Lage in Russland alle Urlaube für die Fliegerstaffel Eilers gestrichen worden sind. (58) Allgemeiner Aufbruch. Harras und Leutnant Hartmann bleiben zurück. Hartmann teilt mit, dass seine Verlobung aufgehoben ist; Pützchen habe dazu wegen seines nicht hinreichenden Ariernachweises den Anstoß gegeben. Harras lässt seiner aufgestauten Wut und Verachtung für den Nationalsozialismus nun freien Lauf. Hartmann, noch voller Ideale, kann ihm darin nicht folgen (67). Er denkt an einen heroischen und edlen Tod auf dem Schlachtfeld, doch Harras macht ihm drastisch klar, wie sinnlos und elend ein solcher Tod in Wirklichkeit sei. Er beschwört den jungen Offizier, das Leben zu wählen allen Umständen zum Trotz. – Übermüdet schläft Hartmann ein, während Harras sich zu Lyra aufmacht, die ihn angerufen hat. Er hofft, dort

> Überlebensratschläge an
> Leutnant Hartmann

auch Diddo zu treffen. – Detlev ruft die Gestapo an und muss sich einen Rüffel wegen der schlechten Übermittlung anhören. (72) Er schärft François ein, absolutes Stillschweigen zu bewahren. Andernfalls würde er dafür sorgen, dass er wieder in ein Gefangenenlager käme. Entschuldigend fügt er hinzu, dass auch er nur ein Opfer der Umstände sei.

2. Akt (Galgenfrist oder Die Hand)

In General Harras' Wohnung, einem abenteuerlich und bizarr eingerichteten Dachatelier: Harras selbst ist nicht anwesend. Lüttjohann und Korrianke warten voller Ungeduld auf ein Lebenszeichen von ihm. (75) Die Anspannung der wartenden Männer steigt, als sie das Geräusch eines nach oben fahrenden Lifts hören. Aber es nicht Harras, der eintritt, sondern der amerikanische Journalist Buddy Lawrence, kein Unbekannter im Kreis um General Harras. Lawrence muss mit seiner Ausweisung rechnen, wie man ihm am Vorabend angekündigt hat. (76) Mit einem Schnaps und einer

Zigarette helfen Korrianke und Lüttjohann ihm und sich selbst über die Anspannung hinweg. – Wieder geht der Fahrstuhl, doch diesmal ist es Schmidt-Lausitz. Es kommt zwischen ihm und Lawrence zu einem von dem Amerikaner ironisch, von dem Parteifunktionär mit drohendem Unterton geführten Gespräch. Immerhin erfahren die Wartenden, dass General Harras lebt und binnen kurzem eintreffen wird. Schmidt-Lausitz will mit ihm unter vier Augen „einige allgemeine Punkte" besprechen. (79) – Im anschließenden Gespräch zwischen den beiden so gegensätzlichen Männern fallen die Masken. Harras, der zwei Wochen ‚Sonderbehandlung' durch die SS hinter sich hat, nimmt kein Blatt vor dem Mund. Auch Schmidt-Lausitz lässt an Deutlichkeit nichts zu wünschen übrig. (82) Er übermittelt dem General, dass dieser nunmehr zehn Tage Zeit habe, die Vorfälle um die Flugzeugabstürze restlos aufzuklären. Der Disput zwischen den beiden Männern, in dem Schmidt-Lausitz die ihm zu Gebote stehenden Machtmöglichkeiten verbal voll ausspielt, wird von Harras abrupt beendet. Er zwingt Schmidt-Lausitz mit vorgehaltenem Revolver, die Wohnung zu verlassen. Um dem Nachdruck zu verleihen, schießt er auf eine Zielscheibe und trifft zum Vergnügen seiner hereinstürzenden engsten Mitstreiter ins Schwarze. Dennoch ist General Harras sehr erregt. – Die Atmosphäre hellt sich auf, als Diddo wenig später erscheint. Harras gewinnt seinen Optimismus und seine Lebensfreude zurück. Für einige Augenblicke sind sie ganz für und mit sich allein, erwägen gedanklich sogar an eine gemeinsame Flucht, um ihrem Glück zu leben. (95) – Die bewusstlose Olivia wird hereingebracht. Als sie wieder zu sich gekommen ist, übergibt sie Harras einen Brief des jüdischen Ehe-

Konfrontationen:
Harras/Schmidt-Lausitz;
Harras/Pützchen

paares, dem er zur Flucht verhelfen wollte. Das Ehepaar hat Selbstmord begangen, um Harras nicht zu gefährden. (97 f.) Der General ist erschüttert und fühlt sich schuldig. (98) Olivia drängt ihn zur Flucht, das sei besser als aufzugeben. Harras will keineswegs aufgeben. Er hat noch ein Ziel, „ihnen noch eins vor den Latz (zu) knallen" und die ganze Wahrheit herauszufinden. (99) Offenkundig hat sich Harras tiefer in die Idee verrannt, allein die Gestapo sei für die Flugzeugabstürze verantwortlich. – Olivia, die wieder obenauf ist, und Harras tanzen zu einem ‚evergreen'. Sie necken einander liebevoll und in alter Vertrautheit. Diddo, die sich zwischenzeitlich um den Haushalt gekümmert hat, kommt zurück. Sie und Harras brauchen ihre Gefühle vor niemandem mehr zu verbergen. – In die entspannte und private Situation tritt Lüttjohann, um sich zu verschieden. Die Gestapo will ihn zu einem Verhör mitnehmen. Mit ein paar flapsigen Bemerkungen, hinter denen Angst und Unsicherheit deutlich hörbar sind, verlässt er den Raum. (103) General Harras kann nur zähneknirschend zusehen. – Pützchen, Pflungk und Mohrungen kommen etwas außer Atem hinzu. Während die junge Frau, nunmehr in Parteiuniform, recht selbstbewusst auftritt und Harras in ein herausforderndes Gespräch verwickelt, ziehen sich die übrigen Besucher zum ‚small talk' in die ‚Propellerbar' des Generals zurück. Pützchen nutzt derweil die Anwesenheit des amerikanischen Journalisten aus, um sich ‚interviewen' zu lassen. (105) – **Schlick**, ein ‚entarteter' Kunstmaler (der laut Bühnenanweisung immer einen alkoholisierten Eindruck macht), wird von Korrianke hereingelassen. Er ergeht sich in visionären Deutungen des politischen und kulturellen Alltags im Nazideutschland, wobei Pützchen von ihm als die „Fleischwerdung des Bösen im Geschlecht" dargestellt wird. „Uniform überm Körper – nackter Schoß im Gesicht." (109) Schlick verlässt Harras' Atelier, in dem für seinen Geschmack zu viele Parteibonzen sind. – Harras und Mohrungen bleiben anschließend allein im Raum, während die anderen sich in der Küche zu schaffen machen. Harras lehnt den Vorschlag des Industriellen ab, doch noch der Partei beizutreten, um dadurch sein Leben zu retten. (111) Als ein Mann von Ehre, im Gegensatz zu Mohrungen, dem er die Ehre abspricht, will er sich nicht an die Nazis verkaufen. Mohrungen ist im Innersten getroffen und verliert seine Fassung ("Er schluchzt." – 113) Als Harras nach dem Ende des Gespräches mit ihm in die Küche geht, um etwas zu trinken, nutzt Pützchen unter einem Vorwand die Gelegenheit, sich in Harras Wohnzimmer umzusehen. Sie entdeckt den Brief des jüdischen Ehepaares und liest ihn. Zu spät reißt ihr Baron Pflungk, den sie umgarnt hat, das Schreiben aus der Hand. Es gelingt ihm nicht, es in den Kamin zu werfen, und Pützchen bringt sich in den Besitz des Schreibens. (115) Pflungk muss sich daraufhin von ihr abfällige Bemerkungen anhören. – Zusammen mit Harras kommen nun die anderen Anwesenden in angeregtem Gespräch aus der Küche. Harras und Diddo sind ganz mit ihrer wenig aussichtsreichen Situation beschäftigt, der Harras nun doch durch Flucht eine Wende und damit ihrer gemeinsamen Zukunft eine Chance geben möchte. (118) Da kommt Korrianke mit der Meldung, dass Eilers tödlich abgestürzt ist. Große Betroffenheit bei allen Anwesenden. Die Gesellschaft löst sich auf; unbemerkt verschwindet Pützchen. Harras und Diddo sagen einander Lebewohl; er rät ihr, nach Wien zu gehen und dort auf Nachricht von ihm zu warten. (120) – Allein, wird Harras von Pützchen bedrängt, die sich im Wandschrank verborgen gehalten und die Auflösung der Gesellschaft abgewartet hat.

Sie setzt alles daran, den Mann für sich zu gewinnen, der sie schon immer fasziniert und erregt hat. Sie hat jedoch keinen Erfolg, weder mit gezierten Worten noch mit erpresserischen Drohungen. Hemmungslos tobt sie ihre Wut aus, als Harras sie mit einer schweren afrikanischen Reitpeitsche aus dem Raum vertreibt. (124) – Wenig später erscheint Oderbruch, von Korrianke eiligst zu Harras gerufen. Er trifft den General in einer sehr schlechten nervlichen Verfassung an. Harras kommt allmählich wieder zur Ruhe, und die beiden Männer beugen sich über die Aufzeichnungen, die Oderbruch mitgebracht hat, um endlich die Fehler aufzudecken, die den Tod Eilers und den anderer Flieger verursacht haben. (128)

3. Akt (Die Verdammnis)

Die von der Gestapo gesetzte Frist ist fast abgelaufen, ohne dass Harras der Lösung des Problems auch nur ansatzweise näher gekommen wäre. Aus seinem Gespräch mit Korrianke wird deutlich, dass er sich mit seinem Schicksal abgefunden hat. Er glaubt nicht mehr an die Richtigkeit der eigenen Vermutung, die Gestapo hätte die Abstürze inszeniert. – Oderbruch und ein Kommissar erscheinen mit zwei ‚verdächtigen Arbeitern', die verhört werden sollen. Harras schickt den Kommissar hinaus; er möchte das Verhör zusammen mit Oderbruch durchführen. (132) Es bleibt ohne Ergebnis. Welche Brücken der General den beiden Beschuldigten auch baut, sie verweigern jede Aussage. Schmidt-Lausitz selbst lässt sie abführen. – Der Nazifunktionär übergibt Harras dann ein Schreiben, das ein definitives Ultimatum, das Ende der Galgenfrist, setzt. Eine Maschine desselben Typs, in der Eilers abstürzte, wird auf das Flugfeld gerollt. Harras und Schmidt-Lausitz führen einen letzten, ironischen

Dialog (136–137), ehe Leutnant Hartmann angekündigt wird. Schmidt-Lausitz und Oderbruch verlassen den Raum. – Harras freut sich, Hartmann wiederzusehen. Der junge Flieger ist im Fronteinsatz verwundet worden und hat Sonderurlaub. Er sich verändert. Im Osten hat er mit ansehen müssen, wie die SS in einer Ghettostadt Jagd auf Menschen veranstaltet hat. Hartmann hat seine Ideale verloren. Er kann sich mit den Zielen Hitlers nicht länger identifizieren und bittet Harras um eine Beschäftigung, die es ihm erlaubt, in seiner Nähe zu bleiben. Harras führt ein Telefonat mit Oderbruch. Hartmann kann zunächst „auf Probe" in dessen Büro arbeiten. (142) – Frau Eilers betritt das Zimmer, nachdem Hartmann es verlassen hat. Sie beschuldigt Harras, ihren Mann wissentlich in den Tod geschickt zu haben, und fordert Sühne. Im Verlaufe des heftigen Gesprächs, das nach und nach ruhiger wird, erkennt Harras endgültig, dass es für ihn nur

ergebnislose Verhöre, Oderbruchs Geständnis und Harras' Freitod

einen einzigen Ausweg geben kann: den Freitod. (146) – Im folgenden Gespräch zwischen Harras und Oderbruch werden die Hintergründe der Sabotageakte endlich aufgeklärt. Oderbruch hat die Abstürze mit Leuten des Widerstandes selbst herbeigeführt, um den Krieg nicht zu verlängern. (149) Oderbruch führt als Grund Scham und die Erkenntnis an, sich gegen den Nationalsozialismus stellen zu müssen mit seinen Mitteln und Fähigkeiten, die nichts mit Feigheit, aber auch nichts mit Heldentum zu tun haben. Harras, der Oderbruchs Handlungsweise anerkennt und ihn nicht der Gestapo ausliefert, um dadurch möglicherweise seine eigene Haut zu retten, fordert ihm ein Versprechen ab: Hitler auszuschalten, denn er sei der einzig wirklich Verantwortliche. (153) Dann unterschreibt er den Untersuchungsbericht. Er weiß, dass seine Zeit abgelaufen ist, und sucht die ihm gemäße Konsequenz: Trotz der SS-Leute, die das Gebäude umstellt haben, erreicht Harras eine Maschine vom Typ M 41-1304, der Nachfolgemaschine jenes Flugzeugs, mit dem Eilers abgestürzt ist. Es ist auch Harras' Todesmaschine. Er gewinnt trotz Beschuss an Höhe, doch dann setzt der Motor aus. – Schmidt-Lausitz gibt telefonisch an das Hauptquartier die Nachricht durch, dass „General Harras soeben in Erfüllung seiner Pflicht verunglückt" sei. (156) – Ein Staatsbegräbnis wird angeordnet.

2.3 Aufbau

Der großflächig angelegte dreiaktige Aufbau des Dramas, das nicht in Szenen unterteilt ist, könnte in der Abfolge seiner Handlungsschritte auch in eine Kette von Einzelepisoden zerlegt werden. Jeder Akt enthält zahlreiche solcher Episoden, in denen die Entscheidung, anders als in den Beispielen klassischer Tragödien, „in hundert kleine, anscheinend unwesentliche Einzelentscheidungen zerbröckelt ist."[39] Diese ‚Atomisierung' spiegelt die Zerrissenheit des Lebens und die Verfahrenheit der Situation wider, in der General Harras, der Protagonist des Dramas, zu Entscheidungen unterschiedlichster Art gezwungen wird und sich schlussendlich vor eine letzte große Entscheidung gestellt sieht (inneres Drama). Der 1. Akt ist der längste, der zweite nur unwesentlich kürzer. Der Schlussakt ist der kürzeste. Anders als die beiden ersten wird er durch ein „kurzes Dunkel" (146) unterbrochen. Alle drei Akte sind durch das Thema der Sabotageaffäre und ihrer ‚Aufklärung' miteinander verbunden (äußeres Drama). Deshalb taucht in Interpretationen und Rezensionen nicht selten der Begriff ‚Kriminalstück' auf. (⇒ **2.7**) Jeder Akt trägt eine Überschrift, die jeweils den Gesamtzusammenhang und die zunehmend bedrohlicher werdende existenzielle Situation General Harras' charakterisiert. Die eigentliche Handlung erstreckt sich über nur wenige Tage, die vierzehn Tage Abwesenheit General Harras' wegen „Sonderbehandlung" nicht eingeschlossen.

Die Überschrift des 1. Akts, *Höllenmaschine*, bezieht sich vordergründig auf die neu installierte Abhöranlage, die einge-

---

39 aus der *Schweizerischen Rundschau* 46, H. 11 (Februar 1947), zitiert nach Siegfried Mews, *Grundlagen*, S. 68

setzt wird, um Harras' Position und die seiner Freunde für oder wider Hitler und das Nazi-Regime auszuspionieren. Gleichzeitig verweist sie auf die gesamte verbrecherische Organisation, die gleich einer höllischen Apparatur das Leben der Menschen in Deutschland, somit auch die Existenz General Harras, bedroht. – Im 2. Akt ist die Bedrohung für Harras bereits sehr konkret. Ihm ist eine

> dreiaktiger Aufbau mit handlungs- und konflikterhellenden Überschriften, nur wenige zentrale Dialoge:
> Harras/Oderbruch (2)
> Harras/Hartmann (2)
> Harras/Schmidt-Lausitz (2)
> Harras/Pützchen (2)
> Harras/Diddo/Olivia (2)
> Harras/Anne (3)

Galgenfrist – so die Überschrift – gesetzt, und er weiß, was das unter den obwaltenden Umständen für ihn bedeutet. In dieser Überschrift auch einen „Symbolisierungsversuch der allgemeinen Situation im damaligen Deutschland"[40] zu sehen, dürfte zutreffend sein, da Zuckmayer gleichsam im Zeitrafferverfahren auch den temporeichen Niedergang des ‚Tausendjährigen Reiches' beleuchtet. In seiner kritischen Analyse macht V. Wehdeking allerdings auch auf den strukturellen Bruch zwischen dem Handlungsverlauf und der Gestaltung dieses 2. Akts aufmerksam[41], einen Bruch, der sich im 3. Akt fortsetzt und vertieft. (⇒ **2.6**)

Der Titel des Schlussakts, *Die Verdammnis*, lenkt die Erwartung des Lesers auf den düsteren Ausgang des Dramas, lässt aber zugleich die pathetische Steigerung der religiösen und expressionistischen Symbolik des 2. Akts in der weiteren Gestaltung ahnen, die den Untergang des Helden begleitet. (⇒ **2.6**)

---

40 Wolfgang Teelen, *Gestaltungsgesetze*, S. 92
41 „Bereits im Titel des zweiten Akts (...) ist das Auseinanderklaffen von realistischem Handlungsverlauf (...) und expressionistischer Verdeutlichung von Angst und Schicksal (...) impliziert, im Gegensatz zum objektiven Korrelat des ersten Akt-Titels." – Volker Wehdeking, *Mythologisches Ungewitter*, S. 89

Im 1. Akt werden die wichtigsten Personen mit Ausnahme Oderbruchs einzeln oder in Gruppen nacheinander eingeführt. Er kann als „Exposition" des Dramas verstanden werden, zumal auch das Spannung erzeugende Thema, die vermuteten „Sabotageakte", die Harras in Entscheidungszwänge bringen, wiederholt direkt oder indirekt zur Sprache gebracht wird. Der Akt gliedert sich in ein gutes Dutzend Einzelszenen, die durch Auf- und Abgänge einzelner Personen/Personengruppen und durch wechselnde Themen bestimmt sind. Die beherrschende Figur ist General Harras, den der Zuschauer in einer Vielzahl sehr differenzierter Bezugsmomente zu seiner Umgebung erlebt.

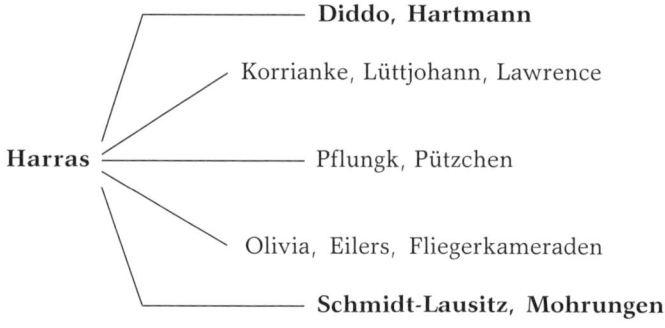

Harras

- **Diddo, Hartmann**
- Korrianke, Lüttjohann, Lawrence
- Pflungk, Pützchen
- Olivia, Eilers, Fliegerkameraden
- **Schmidt-Lausitz, Mohrungen**

Vier zentrale Abschnitte dieses Akts sehen ihn im Gespräch mit Schmidt-Lausitz, mit Diddo, mit Mohrungen, mit Hartmann. Alle vier kennzeichnen in besonderer Weise seine Situation, Stimmung und Gefühlslage. Im 1. Akt begonnen, haben sie alle eine Fortsetzung in einem oder in beiden der nachfolgenden Akte. Dem Gespräch zwischen Harras und Hartmann wenden wir uns im personen-bezogenen Teilkapitel zu. (⇒ **2.4**)

Die zwischen Harras und Schmidt-Lausitz bestehende Grundspannung ist in einem ersten Schlagabtausch ansatzweise bereits hörbar und bricht zu Beginn des 2. Akts ganz unverhüllt auf. Er steht für die Kluft zwischen dem unpolitischen Fliegerass und dem Vertreter des verbrecherischen Hitler-Regimes und deutet die weitere Entwicklung im 3. Akt voraus (136–137). – Harras' und Diddos Beziehung, die sich im 1. Akt anbahnt (27) und über mehrere Stationen in teils neckischen, teils sehr zärtlichen Dialogen fortgeführt wird, findet gegen Ende des 2. Akts faktisch ihren Abschluss. (116–121) Diese Liebesgeschichte ist am Rande des eigentlichen Problems angesiedelt und entlastet die tragischen Akzente des Dramas. Sie macht dramaturgisch Sinn, nicht allein um den ‚Lebemann' Harras zu charakterisieren. In der sich entwickelnden Beziehung verstärkt sich auch der Gegensatz zwischen dem höllischen System und einer in sich ‚guten' Welt. Das erste ausführliche Gespräch dieses 1. Akts findet zwischen Harras und Mohrungen statt. (34–42) Es ist gleichsam die Einleitung zu einem nachfolgenden, in dem die Fronten auch zwischen ihnen eindeutig geklärt werden (2. Akt, 111–113). – Auch zwischen Harras und dem jungen Fliegerleutnant Hartmann kommt es zu einem ersten langen und sehr ernsten Gespräch. (61–74), das die „Exposition" beendet und in lupenreiner Klarheit die Haltung des Generals gegenüber dem Nazi-Regime offen legt. – Mit den lebhaft wechselnden Auftritten in immer neuen Situationen und Gesprächskonstellationen verändert sich auch die Atmosphäre des Stückes, die sich im 1. Akt zwischen heiter-lärmend und ausgelassen bis ernst und düster bewegt. (⇒ **2.6**)

General Harras' Gespräche mit ...

| Schmidt–L. | Mohrungen | Diddo | Hartmann |

werden fortgeführt
und intensiviert

Im 2. Akt, der sich aus einer ähnlich großen Anzahl bunter,
formal nicht gekennzeichneter Einzelszenen zusammensetzt
wie der 1. Akt, verdichten sich die erregenden und span-
nungsgebenden Momente ebenfalls in vier Szenen, die in den
vorausgehenden Episoden der Handlung vorbereitet wurden.
Sie sind kontrastiv angeordnet: Der Zuschauer erlebt die heftige Auseinandersetzung zwischen Harras und Schmidt-Lausitz. (81–84) Ihr folgt das sehr private Miteinander von Harras und Diddo sowie, auf einer anderen Qualitätsebene, das
von Harras und Olivia. Diese ruhigen und sehr beschauli-
chen Momente münden sodann in eine heftige Konfrontati-
onsszene, diesmal zwischen Harras und Pützchen (121–124),
deren Abschluss fast eine Parallele zur ersten Konfrontati-
onsszene dieses Akts darstellt. Den Abschluss bildet
wiederum das ruhige, sachzugewandte Gespräch zwischen
Harras und Oderbruch (124–128), das – vom Ausgang des
Dramas her betrachtet – durch die Doppelbödigkeit in den
Aussagen Oderbruchs eine hohe Brisanz besitzt. Diese Szene
des 2. Akts stellt die Brücke zur Aufdeckung der Wahrheit
durch Oderbruch am Ende des Schlussakts dar. Wiederum

erlebt der Zuschauer häufig wechselnde Stimmungen und atmosphärische Schwankungen.

Der 3. Akt zerfällt in zwei Teile (129–146 und 146–156). In ihm ist das Augenmerk wiederum auf vier Szenen zu lenken, in denen sich die Entwicklungslinien des inneren und äußeren Dramas kreuzen und auflösen: Schmidt-Lausitz' Ultimatum (136–137); Hartmanns Bekenntnis und seine Bitte um eine Anstellung (139–142); Anne Eilers Auftritt und Harras' Erkenntnis und Entschluss (142–146); Oderbruchs Geständnis, das die letzte Entscheidung von General Harras begründet (146–155).

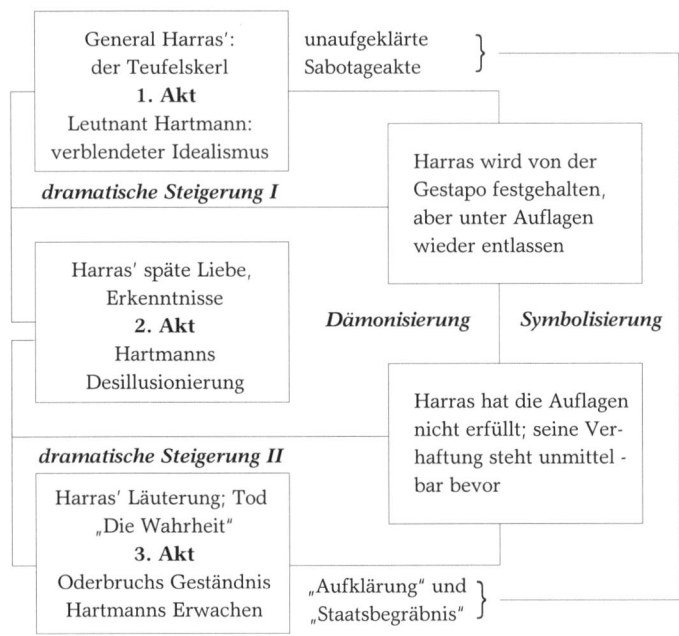

Skizze
**- Handlungshöhepunkte, Spannungsbogen und sprach-
liche Gestaltungsakzente -**

2.4 Personenkonstellation und Charakteristiken

Das Drama zeigt übersichtliche Personengruppen:
Harras und die ihm besonders Nahestehenden, die zwar jeder auf seine Weise dem Nationalsozialismus dienen, aber dessen Ideologie nicht wirklich richtig leben (Korrianke, Lüttjohann, Olivia, Diddo, sodann auch Eilers, Hartmann und die übrigen Fliegeroffiziere).

> übersichtliches Figurenfeld um die Zentralfigur General Harras

Als überzeugtester Repräsentant des Systems fungiert auf der Gegenseite Dr. Schmidt-Lausitz. Er hat seine Helfer aus Berechnung oder Überzeugung (Pützchen, Detlev, Kommisar).
Dazwischen bewegen sich indifferente Mitläufer (Mohrungen und Pflungk etwa).
Der Kunstmaler Schlick schwebt ‚frei im Raum'. Er lässt jedoch keinen Zweifel daran, wie sehr ihm das System verhasst ist. Seine Kunst gilt im Urteil der Nazis als „entartet".
Oderbruch, der sich seinem Gewissen gegenüber verantwortlich fühlt, und die Männer des Widerstands verkörpern das moralische Gegengewicht zu Harras und zu Schmidt-Lausitz.
Mit General Harras, der sich aus allen Personengruppen noch einmal heraushebt, hat Zuckmayer eine kraftvolle, einprägsame und alle übrigen Figuren in den Schatten stellende Titelgestalt geschaffen. Wo auch immer die Figuren dieses Dramas weltanschaulich und politisch beheimatet sind, wie auch immer sie handeln – sie alle sind einem höheren Gesetz als nur dem eigenen oder dem durch die Zeitumstände bedingten unterworfen. Dadurch werden die Figuren, ob ‚schuldig' oder ‚unschuldig' und trotz aller Unterschiede, die zwischen ihnen wahrzunehmen sind, zu Angehörigen einer Schicksalsgemeinschaft.

Figuren um General Harras

Diddo zeigt sich in mädchenhafter Unbekümmertheit. Zu ihrer Jugend gehört ein beneidenswerter Leichtsinn, mit dem sie das Bewusstsein ihrer Liebe ausfüllt. Auf der anderen Seite legt sie eine erstaunliche Reife an den Tag und erweist sich als eine wissende Frau mit bewundernswerter Selbstbeherrschung und Kraft. Ehe Harras in den Tod fliegt, lässt Zuckmayer sie abtreten, so als wolle er sie vor der Vernichtung retten, die ihr junges Leben bedroht. Ihr weiteres Schicksal bleibt ungewiss. Sie ist eine der einprägsamsten Frauengestalten in Zuckmayers Werk.

Friedrich Eilers, nach Harras der ‚Superheld‘ des Stückes, ist von seiner Aufgabe als Flieger und von dem deutschen Endsieg überzeugt. Sein Glaube an das Edle (auch im Nationalsozialismus) macht ihn blind für die Wirklichkeit. – Nicht anders seine Frau, Anne Eilers, die aber nach dem Tode ihres Mannes die Situation erfasst, General Harras die Augen öffnet und

Die Gegenseite

Mohrungen verkörpert den Typ jener Großindustriellen, die Hitler in einer Mischung aus Angst und Faszination ab 1933 finanziert haben. Im Grunde seines Herzens ist er anständig und zeigt, dass er ein Gewissen hat. Aber er ist feige und kriecherisch. Aus Harras' Erhellungen zieht er für sich keine Konsequenzen. Er zählt zu jenen, die immer einen Ausweg für sich entdecken.

Mohrungen Tochter **Pützchen** hält sich für unwiderstehlich. Ohne mit der Wimper zu zucken – gerade ein paar Floskeln hat sie übrig – bricht sie mit ihrem Verlobten, um sich eine unanfechtbare Ausgangsposition für den Aufstieg bei den Nazis zu sichern. Skrupellos und ungehemmt nutzt sie die täppischen Aufmerksamkeiten Baron Pflungks für ihre Zwecke aus und serviert ihn grob ab, als er ihr nicht mehr nützlich sein kann. Auf geradezu peinliche Weise nähert sie sich General Harras, um ihn für sich zu gewinnen, erlebt jedoch seinen Prozess der Selbsterkenntnis entscheidend vorantreibt.

Leutnant Hartmann ist einer der von Hitler verdorbenen jungen Generation, ein halber Knabe noch, der sich allzu leicht von dem pomphaften Rausch und der Selbstinszenierung des Nationalsozialismus einnebeln lässt. Viel zu gut für jene brutale und zynische Welt, bewahrt er sich lange Zeit seinen Idealismus. Er verliert ihn, als er bei einem Fronteinsatz das wahre Gesicht des Nationalsozialismus kennen lernt. –

Korrianke und **Lüttjohann** sind engstens mit General Harras' Leben und Schicksal verbunden, der eine als Fahrer, der andere als Adjutant. Mit „Herz und Schnauze" bestehen sie selbst schwierigste Situationen. Ihre Loyalität, ihr Verständnis und Humor machen sie zu idealen Partnern für den in der Schusszone der Nazis stehenden General.

eine herbe Abfuhr. – Sie ist ein verzogenes, egoistisches und dreistes Biest. Auf den Prozess, den General Harras mit sich selbst auszumachen hat, nimmt sie dennoch bedeutsamen Einfluss.

Pflungk, der ebenso läppische wie aufschneiderische Baron, wird von niemandem ernst genommen. Es ist bezeichnend für seine Eitelkeit und Dekadenz, dass er sich mit Pützchen einlässt und ihr sogar die Brücke zu einer Nazi-Karriere baut, obwohl ganz offenkundig ist, mit welchen Absichten sie ihn umgarnt.

Dr. Schmidt-Lausitz ist der direkte und der gefährlichste Gegenspieler General Harras'. Er symbolisiert die menschenverachtende Staatsführung nach 1933. Schmidt-Lausitz hasst alles Jüdische und lebt diesen Hass aus in seiner Enttäuschung, sich in irgendeiner „Winkelredaktion" abplagen zu müssen, während andere das Geld und das Sagen haben.[42]

---

42 Hier ist ein ironischer Seitenhieb auf den Propagandaminister des Nationalsozialismus Joseph Goebbels anzunehmen; Dr. Goebbels war Journalist.

Figuren um General Harras

Auch **„Buddy" Lawrence** gehört zu den Männern, deren unverbrüchliche Freundschaft zu General Harras sie in Schwierigkeiten bringen. Lawrence hat ein Faible für Deutschland, das Land seiner Feinde. Zuckmayer zeichnet diese sympathische Figur aus seiner Erfahrung im Umgang mit vielen Amerikanern, die versöhnungsbereit zu Deutschland standen.[43]

Oderbruch, die eine Zeit lang am heftigsten diskutierte Figur des Dramas, ist kein ,Held' im eigentlichen Sinne. Er ist eine Figur im Hintergrund. Ganz für sich trifft er seine Gewissensentscheidung und lebt unauffällig mit ihr, bis die Umstände ihn zu einem Bekenntnis zwingen. – Die Kritik hat sich lebhaft an dieser Dramenfigur gerieben. Zuckmayer konnte und wollte Oderbruch nicht als einen ,Helden des Widerstands' darstellen, weil er den Widerstand in Deutschland, zum Zeitpunkt der Niederschrift des Dramas, für naiv und sinnlos hielt. Für ihn war Oderbruch ein „Symbol der Verzweiflung".[44]

Die alternde Diva **Olivia** ist eine beherzte und sehr lebenskluge Frau. Sie nimmt alle Möglichkeiten wahr, um weiterhin oben mitzuspielen. Ihre Beziehung zu Harras ist von Offenheit und gegenseitiger Wertschätzung, Zuneigung und freundschaftlicher Liebe geprägt. – In Harras' Leben hat sie trotz allem nie die ,erste Geige' spielen können. Nun bescheidet sie sich mit der Rolle der Ratgeberin und Beschützerin, die ihrer Nichte das Glück gönnt, von Harras geliebt zu werden.

---

43 Es ist nicht unwahrscheinlich, dass Zuckmayer mit dem amerikanischen Sympathieträger ,Buddy' Lawrence ein Signal für die Versöhnungsbereitschaft der Amerikaner insgesamt geben wollte.

44 Von Carl Zuckmayer so in einer Diskussion mit Studenten 1948 charakterisiert.

Ganz entschieden gewinnt das Drama seinen authentischen Charakter durch die großartige Gestalt des **Generals Harras**. Er ist ein Mensch von barocker Lebenslust, im Umgang mit den Männern der Flugstaffel Eilers und mit seinen engen Vertrauten unbändig, kernig und markig in seinen Sprüchen. Fast paradox: Harras lebt auf einer selbst geschaffenen Insel, innerlich allein. Seine Kameradschaft und Hilfsbereitschaft sind dennoch über jeden Zweifel erhaben. Mehr ein Kumpel als ein Vorgesetzter im üblichen Sinne, dennoch umsichtig und bereit, Verantwortung zu übernehmen, bewegt er sich in der kritischen Lage auf äußerst dünnem Eis. Harras ist der Typ des modernen Landsknechts, von einer entwaffnenden Offenheit, die zuweilen beinahe selbstmörderisch ist. Als er Diddo kennen lernt, werden bei ihm weichere Züge sichtbar, wird er sich ihrer selbst bewusst. Diddo gegenüber ist er ein anderer – zärtlich und rücksichtsvoll. Seine Entscheidung, in den Tod zu fliegen, trifft er in voller Übereinstimmung mit seinem Gewissen. Er weiß, wo er steht, und handelt, wie er immer gehandelt hat, entschlossen und mit vollem Zugriff, doch dieses letzte Mal mit Größe und Würde.

In der Interpretationsliteratur wird Harras (wie auch Hartmann und Oderbruch) als eine problematische Figur gesehen – auf der einen Seite als beinahe „mythischer Volksheld"[45], auf der anderen Seite als der „Gesinnungslump"[46] par excellence. Dazwischen liegen differenziertere Urteile. Carl Zuckmayer war sich der Problemlage durchaus bewusst, in

> Problematische Figuren: Harras, Hartmann, Oderbruch und sehr unterschiedliche Beurteilung in der Kritik

die er sich und seinen Helden gebracht hatte. Im Verlaufe

---

45 Luise Rinser, zitiert in Siegfried Mews, *Grundlagen*, S. 51
46 Paul Rilla, zitiert in Siegfried Mews, S. 53

des Stückes macht Harras einen Persönlichkeitswandel durch. Vom nonchalanten Allerweltskerl verändert er sich zu einem von seinem Gewissen und seinem Ehrgefühl geleiteten fast christlichen ‚Bekenner'. Ein ‚Philosoph' ist er von Beginn des Stückes an.

Bereits mit der Bühnenanweisung erfolgt eine eindeutige Sympathielenkung durch den Autor, der man allzu gern folgt: *„Er ist in' großer Galauniform, aber in Haltung und Benehmen leger, eher etwas salopp ..."* (S. 9) Gewinnt er schon durch seine äußere Erscheinung (besser als mit Curd Jürgens konnte die Rolle bei der Verfilmung gar nicht besetzt werden[47]), so fliegen ihm die Herzen der Zuschauer vollends zu, wenn er den Mund aufmacht. Er wird von nahezu allen vergöttert, trotz (von seinen Kameraden gerade wegen) seiner Schwächen für Frauen und den Alkohol. Wenn er angetrunken und wütend ist, *„schießt er nach den Kerzen und trifft die Spiegel"* (S. 9), wie sich später zeigen wird. Wir erleben ihn als einen sehr eigenwilligen Charakter, der die Dinge beim Namen nennt und seinen Spott auch mit den Vertretern der Parteispitze treibt: *„Das ist Kulturleiter Dr. Schmidt-Lausitz vom Propapopogandanysterium, ich kann das Wort nicht richtig aussprechen, mein alter Afrikakomplex ...."* (S. 12) Sein Ton ist meistens kumpelhaft und (selbst-)ironisch, aber er kann ebenso sachlich und ernst sein. (S. 31 ff.).

Zwei Ereignisse führen ihn zu intensiver Selbstreflexion: zunächst der Tod des jüdischen Ehepaares, der ihn tief berührt, dann die Liebe Diddos, die ihn gleichsam entwaffnet und jene Stärken in ihm weckt, die er mit burschikosen Tönen und ‚heroischem' Handeln stets überspielt hat – sein Ge-

---

47 Curd Jürgens verkörperte den General Harras in der Filmrolle vollkommen, obwohl der Film von der Dramenvorlage teilweise beträchtlich abwich. – Curd Jürgens war auch der Hauptdarsteller im Film *Der Schinderhannes* (⇒1.3)

wissen, sein Verantwortungsgefühl, seine Liebe zur Wahrhaftigkeit und vor allem seine Sehnsucht nach Geborgenheit. Diese Veränderung macht ihn als Dramenfigur „schwächer, ja unglaubwürdiger"[48], aber als Menschen nicht weniger sympathisch. Hier beginnt nach fast übereinstimmender Ansicht der Kritiker Zuckmayers unbewältigter ‚Spagat'.

Der Tod Friedrich Eilers und die Anklage von dessen Frau Anne begleiten Harras in ein drittes Stadium, in dem er seine Unbekümmertheit vollends hinter sich lässt. Hier wird der Bruch der Titelfigur als vollkommen angesehen, der das Drama mehr und mehr beschwert hat, das „wie ein mythologisches Ungewitter über die Köpfe hinwegrollt."[49] Zu wenig wird unserer Auffassung nach herausgestellt, dass General Harras alle drei Akte lang in seiner eigentlichen Daseinseinschätzung und Werteinterpretation der Welt derselbe bleibt. Es gibt eigentlich keinen so deutlichen inneren Bruch. Der kühne Fliegergeneral ist ein empfindsamer Mensch, der das Wahre und Schöne des Lebens nie preisgegeben hat. Das zeigt sich im ersten Gespräch mit Hartmann („*Vor Ihnen liegt das Leben – aber Sie wissen nicht, was das Leben ist. Sie stecken in einer Krebsschale, in einer Austernmuschel, die Sie für die Welt halten, und spüren nicht, dass draußen, um Sie her, der ungeheure Ozean rauscht.*" – S. 68) und in seinem letzten mit Oderbruch (*„Vielleicht habe ich ein großes Bedürfnis noch zu leben."* – S. 152) Für Zuckmayer mochte Harras die Figur gewesen sein, in der er das auslebte, was er selbst nicht immer war: der starke, stolze und unabhängige Gestalter des eigenen Lebens,

> Harras wandelt sich; im Kern seines Wesens bleibt er derselbe

---

48 Luise Rinser, zitiert in Siegfried Mews, *Grundlagen*, S. 51
49 Volker Wehdeking, S. 99

ein Hasardeur zuweilen, im Innersten jedoch ein Gott suchender und gläubiger Mensch.[50]

Einige Harras-Zitate:

„Aber wenn der (Anm: Ribbentrop) England kennt, dann kenn ich den Mond. – Wenn man'n Bulldogg mit'm Hintern gegen die Wand gepresst hat, dann beißt er – bis er verreckt, oder du. Da gibt's nur eines: den eignen Hintern freihalten." (S. 33)

„Und wer mit dem Schwein aus einem Trog frisst, ist selbst ein Schwein." (S. 55)

„Die Welt ist wunderbar. Wir Menschen tun sehr viel, um sie zu versauen, und wir haben einen gewissen Erfolg damit." (S. 68 f.)

„Ein Panzerkreuzer ist schön. Und ein schwerer Bomber. Und eine Jagdmaschine – so schön wie ein Pferd im Sprung. Und eine Stahlbrücke über einen Fluss. Und ein alter wurmstichiger Bauernkasten. Und eine Sonnenblume – Herrgott, Hartmann. Glaubst du mir nicht, dass es sich lohnt zu leben? Sehr lange zu leben? Ganz alt zu werden?" (S. 70)

„Es kommt immer umgekehrt. Das Rad dreht sich, solange es rollt." (S. 83)

„Ja. Das heroische Zeitalter stinkt nach schmutziger Wäsche." (S. 96)

---

50 Siegfried Mews, *Grundlagen*, S. 49–51

„Jeder hat seinen Gewissensjuden, oder mehrere, damit er nachts schlafen kann. Aber damit kauft man sich nicht frei." (S. 98)

„Ja, wir spielen alle. Wir sind in Rollen versteckt und wissen ihr Ende nicht." (S. 117)

„Wenn das Schicksal Amok läuft, dann macht es ganze Arbeit." (S. 126)

„Die Menschheit hat immer versucht – Jahrtausende lang – einen Schutz aufzurichten gegen sich selbst. Aber es scheint, er lässt sich in weniger als einem Menschenalter einreißen. Er muss nicht sehr stark gewesen sein." (S. 140)

„Alle Erfindungen der Menschenseele werden wahr. Der Mensch träumt nichts, was nicht ist und war und sein wird. Wenn er Gott geträumt hat – dann gibt es Gott. Ich kenne ihn nicht. Aber ich kenne den Teufel." (S. 141)

„Die Welt nimmt ihren Lauf, das Bestimmte erfüllt sich. Es wird keine Schuld erlassen. Es schlüpft kein Aal durchs Netz. Und auf den großen Fischfang folgt das große Fest." (S. 141)

„Wer auf Erden des Teufels General wurde und ihm die Bahn gebombt hat – der muss ihm auch Quartier in der Hölle machen." (S. 155)

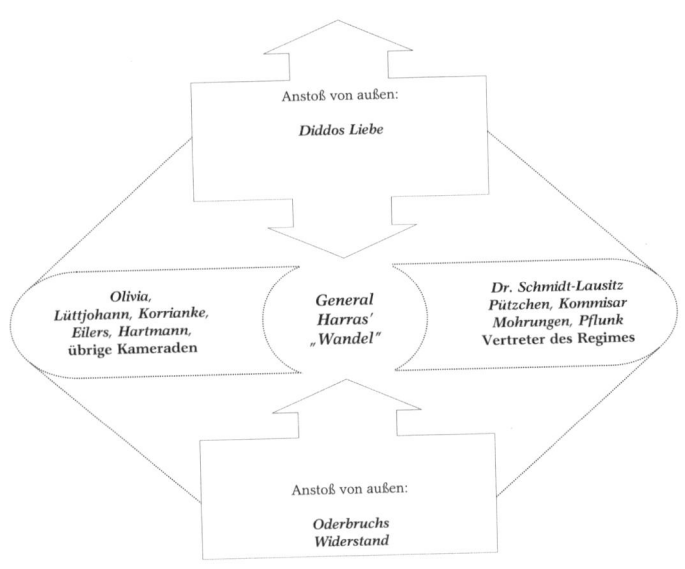

Skizze
Personengefüge mit der Mittelpunktstellung General Harras'

2.5 Sachliche und sprachliche Erläuterungen

(Namen und Begriffe der Zeitgeschichte sind durch Fettdruck hervorgehoben):

Widmung (S. 5)

Theodor Haubach (1896–1945)	Religiöser Sozialist; hingerichtet am 23. 01. 1945; bis 1933 Pressechef im Berliner Polizeipräsidium; Mitglied des „Kreisauer Kreises", einer Widerstandsgruppe gegen Hitler.
Wilhelm Leuschner (1890–1944)	Reichstagsabgeordneter der SPD und Hessischer Innenminister; vor 1933 Vorsitzender der Freien Gewerkschaften Deutschland; hingerichtet am 20. 09. 1944.
Graf Hellmuth von Moltke (1907–1945)	Um ihn sammelte sich der so genannte *Kreisauer Kreis*, benannt nach dem Gut Kreisau in Schlesien, das die Moltkes besaßen; Jurist; die Widerstandsgruppe um von Moltke plante das „Danach". Hingerichtet am 23. 01. 1945, obwohl er sich als Christ und Staatsmann vom Attentat am 20. Juli 1944 distanziert hatte.

Immer wieder gibt es in diesem Drama Anspielungen und direkte Hinweise auf **Adolf Hitler (1889–1945)**. Aus der umfangreichen Literatur über ihn sollen bereits an dieser

Stelle Titel angeführt werden, die wir dem (jugendlichen) Leser sehr nahe legen:

Haffner, Sebastian:	*Anmerkungen zu Hitler*. Frankfurt a. M.: Fischer Tb., 1991 u. ö.
Knoop, Harald: *Hitler.*	*Eine Bilanz*. München, 1997
Steffahn, Harald:	*Adolf Hitler in Selbstzeugnissen und Bilddokumenten*. Reinbek b. Hamburg: Rowohlt, 1987 u. ö.
Zitelmann, Rainer:	*Adolf Hitler. Eine politische Biografie.* Göttingen: Muster-Schmidt, 3. durchgesehene Auflage, 1990
Auf Englisch: Fuchs, Thomas:	*A Concise Biography of Adolf Hitler.* New York: Berkeley Publishing-Group, 2000

Das Vorbild für die Figur des Generals war das Flieger-Ass **Ernst Udet** (1896–1941), mit dem Carl Zuckmayer seit dem Ersten Weltkrieg befreundet war. Er schreibt:

„*Ein paar Tage verbrachte ich beim Jagdgeschwader Richthofen (...) und begegnete dort einem kleingewachsenen, quirligen, drahtigen, temperamentvollen und außerordentlich witzigen, sogar geistreichen Fliegerleutnant, bereits mit dem ‚Pour le Mérite‘ ausgezeichnet: Ernst Udet. Wir mochten uns nach den ersten paar Worten, soffen unsere erste Flasche Cognac*

zusammen aus und verloren uns bis kurz vor dem Zweiten Weltkrieg nicht mehr aus den Augen."
(Carl Zuckmayer, *Als wär's ein Stück von mir*, S. 242).

1. Akt (S. 7–72)

Ça y est. Dicke Marie, pour nous (S. 7)

frei übersetzt: Da haben wir den Salat. Uns hat's erwischt.

Que fais-tu donc? Pas de Porto pour Harras. Il va commencer avec un Armagnac. Double. Donne-moi le grand verre. (S. 7)

Was machst du da? Keinen Portwein für Harras. Er fängt mit einem Armagnac an. Einem doppelten. Gib mir mal das große Glas.

Je le connais. Il vient de la Reichskanzlei – d'une réception officielle d'Etat. Alors – il lui faut plus fort que du Porto. C'est logique. N'est-ce pas? (S. 7)

Ich kenne ihn. Er kommt von einem offiziellen Staatsempfang aus der Reichskanzlei. Da braucht er etwas Stärkeres als Portwein. Ist doch logisch, oder?

Dieu merci que nous avons des pays occupés. Ce le confort du patron. On ne mange que des fruits ... les fruits de la victoire (S. 8)

Gott sei Dank, dass es besetzte Länder gibt. Das ist der Luxus der Herren. Es gibt nur Früchte ... die Früchte des Sieges.
(François spielt ironisch auf den Einmarsch der Deutschen und die Besetzung der europäischen Nachbarländer an.)

Emil Jannings (S. 8) (1884–1950)	Bedeutender deutscher Schauspieler.
Krolloper (S. 8)	Nach dem Brand des Berliner Reichstagsgebäudes fanden die Sitzungen des Reichstages in der Berliner Krolloper statt.
Das walte **Himmler** (S. 12) **(1900–1945)**	Ironische Anspielung auf **Heinrich Himmlers** Allmacht; Reichsführer SS; Chef der Heeresrüstung; maßgeblich verantwortlich für Details der so genannten „Endlösung", der Vernichtung der Juden in den Konzentrationslagern; Selbstmord.
Schabbes (S. 12)	volkstümlich-berlinerisch: Sabbath (jüdischer Feiertag)
der dicke **Hermann** (S. 13) **(1893–1946)**	Gemeint ist **Hermann Göring**, Reichsmarschall und Oberbefehlshaber der deutschen Luftwaffe; entzog sich während der Nürnberger Prozesse dem Urteil durch Selbstmord.
EK (S. 15)	Das Eiserne Kreuz; militärische Auszeichnung
BDM (S. 16)	**Bund Deutscher Mädchen**; Organisation im Nazi-Deutschland analog zur **Hitler-Jugend** (HJ)

Pervitintablette (S. 19)	Aufputschmittel
effiminiert (S. 20)	weibisch angehaucht
Vichy (S. 23)	Von hier aus arbeitete die **„Regierung Pétain"** mit Deutschland zusammen.
RAF (S. 24): **Royal Air Force**	Britische Luftwaffe, berühmt und gefürchtet wegen ihrer erfolgreichen Einsätze.
Blutmarsch (S. 25)	Am 8./9. November 1923 hatte **Adolf Hitler** versucht, sich und der **NSDAP** (Nationalsozialistische Deutsche Arbeiterpartei) in München durch einen **Putsch** die Macht zu sichern. Er erklärte sich zum Reichskanzler und die übrigen Regierungen in Deutschland für abgesetzt; der Putsch misslang, und Hitler wurde bis 1924 zu Festungshaft verurteilt.
‚Lustige Witwe' (S. 27)	Operette von Franz Léhar; im Jahre 1905 uraufgeführt, eroberte sie die Musikbühnen in der ganzen Welt; mit der Wahl dieses Titels beleuchtet Zuckmayer nicht allein die Lebenssituation der allein gebliebenen Olivia; Lustbetontes sollte im damaligen Reich die Stim-

mung aufhellen, an der Front und zu Hause.

Prinz von Homburg (S. 30)	Drama Heinrich von Kleists; der Held dieses Dramas redet und handelt über weite Strecken wie im Traum.
Sturm auf Moskau und Petersburg (S. 31)	Mit dem deutschen Überfall auf Russland (**„Unternehmen Barbarossa"**) wurde ein Angriffskeil auf Moskau und nach Norden auf Petersburg gelenkt.
Joachim von Ribbentrop (S. 33) **(1893–1946)**	Diplomat im Dienste der Nazis; Botschafter in London, dann Leiter der Außenministeriums; unterzeichnete im Jahr 1939 den Nichtangriffspakt mit Russland.
Hendersen (S. 33) **(1882–1942)**	Sir Neville Hendersen war von 1937–1939 britischer Botschafter in Berlin; er versuchte vor Kriegsausbruch zu vermitteln.
Gestapo (S. 35)	Geheime Staatspolizei
liquidieren (S. 35)	beschlagnahmen, vernichten, auslöschen
Thyssen (S. 37)	Zunächst unterstützte der **Thyssen-Konzern** die Nationalsozialisten;

später entzog er ihnen die Unterstützung, und Thyssen kam deshalb für einige Jahre in ein KZ; das Thyssen-Stahl-Imperium wurde von **August Thyssen (1842–1926)** aufgebaut.

Stunt Flier, Daredevil (S. 38)

Englische Bezeichnungen für wagemutige Kunstflieger.

außer Obligo (S. 41)

wörtlich: außer Verbindlichkeit, Haftung; Harras meint, dass Oderbruch keine Unachtsamkeit oder Schuld zuzuschreiben ist.

Vos ordres, mon général?

(Ich erwarte) Ihre Befehle, mein General?

Plus d´Armagnac? (S. 41)

Noch einen Armagnac?

entendu, mon général (S. 41)

Einverstanden, mein General

Guernica (S. 44)

Spanische Stadt nordöstlich von Bilbao; zur Legende einer Vernichtung geworden durch die deutsche **Legion Condor**, die im Spanischen Bürgerkrieg auf Seiten General Francos kämpfte.

Coventry (S. 44)

Stadt in Mittelengland; im November 1940 von der deutschen Luft-

	waffe schwer getroffen; seitdem galt in England die Formel „Rache für Coventry".
Mathias Claudius (S. 44) (1740–1815)	Deutscher Dichter der ‚Empfindsamkeit'.
*der **Specklöwe*** (S. 45)	Eine der despektierlichen Äußerungen über Feldmarschall **Göring**, auf dessen Fettleibigkeit Harras erneut anspielt.
Buchenwald (S. 48)	Berüchtigtes **Konzentrationslager** bei Weimar; hier starben ca. 55.000 Menschen eines Entbehrungs- oder gewaltsamen Todes.
Litzmannstadt (S. 48)	Stadt in Polen (*Lodz*), die zu einer **Ghettostadt** wurde.
KZ (S. 49)	**Konzentrationslager**; grauenvolle Erfindung im Dritten Reich; ursprünglich als Sammellager für politische Gefangene des NS-Regimes und Juden; später **Vernichtungslager**, von denen es Ende des Krieges 20 große und mehr als 60 kleinere gab.
Falstaff (S. 51)	Figur aus Shakespeares *Heinrich*-Dramen; fett, versoffen, witzreich.

Erich Maria Remarque (S. 54) (1898–1970)	Berühmter deutscher Schriftsteller; emigrierte in die USA, nachdem die Nazis ihn auf die Liste der unwerten Dichter gesetzt hatten; Remarque schrieb den bekannten Anti-Kriegsroman *Im Westen nichts Neues*.
vom alten Fokker (S. 56)	Holländischer Flugzeugkonstrukteur; auch nach ihm benannter Flugzeugtyp; die Fokkerwerke hatten auch Niederlassungen in Deutschland.
Heeresgruppe Smolensk (S. 58)	Stadt am oberen Dnjepr in Mittelrussland; von deutschen Truppen zwischen 1941 und 1943 besetzt.
Erwin Rommel (S. 62) (1891–1944)	Legendärer deutscher **Panzergeneral**; sehr populär wegen seiner Erfolge und Ritterlichkeit; Niederlage gegen die Engländer in Nordafrika (El Alamein); wurde 1944 zum Selbstmord gezwungen.
Bonmot (S. 71)	Witzige Bemerkung; geistreicher Beitrag aus dem Stand heraus; Witz. – Harras ist sichtlich bewegt und entgegen seiner sonstigen Schlagfertigkeit dazu nicht in der Lage.

C'est dégoûtant (S. 72)	das ist geschmacklos
Merde (S. 72)	Kot; Scheiße

2. Akt (S. 73–128)

Franz Marc (S. 73) (1880–1916)	Deutscher Maler des Expressionismus; wurde durch seine Tierbilder unverwechselbar („die blauen Pferde"); im Ersten Weltkrieg gefallen.
la rue (S. 74)	die Straße
SS (S. 74)	**Schutzstaffel**; berüchtigste Truppe in der NSDAP
Gösch (S. 74)	kleine Flagge
knorke (S. 77)	berlinerisch: sehr gut
stuffed shirts (S. 77)	amerikanischer Slang-Ausdruck; bedeutet so viel wie „Fatzke"
Adlon-Bar (S. 78)	Bar im Hotel Adlon, einem der bekanntesten Berliner Luxushotels
der alte Hindenberg (S. 80) (**1847–1934**)	Paul von Hindenburg berief Hitler 1933 zum **Reichskanzler**. Er war zu alt, um die Bedrohung zu erkennen, die von den Nationalsozialisten ausging. Hindenburg war Ge-

	neralfeldmarschall mit großen Verdiensten, ab 1925 deutscher Reichspräsident.
May I use your conveniences? (S. 80)	Darf ich Ihre Utensilien benutzen? (Lawrence will sich rasieren)
Milwaukee (S. 81)	Stadt in den USA im Bundesstaat Wisconsin
Prinz-Albrecht-Straße (S. 81)	Dort befand sich das Hauptquartier der **Gestapo**.
Rehabilitierung (S. 82)	Wiederherstellung des (guten) Leumunds einer Person.
palavern (S. 85)	viel und wichtig reden
Yank (S. 86)	abgekürzt für: Yankee (Amerikaner)
Roisterer (S. 92)	Krawallschläger (engl.); gemeint ist **Hitler.**
fading effect (S. 95)	abnehmende Wirkung
Nebbich (S. 99)	leider, schade! (Jiddisch)
Adolf (S. 100)	**Adolf Hitler**
Bregen (S. 100)	Grips, Verstand

,Die Jungfrau von Orléans' (S. 101)	Romantische Tragödie von Friedrich Schiller (1759–1805); sie wurde 1801 uraufgeführt; Anspielung auf die Standhaftigkeit der Johanna d'Arc, die einer göttlichen Stimme folgte, um das von England bedrohte Frankreich zu retten, und auf die Erfüllung in einer Liebesbeziehung verzichtete.
plebejische Gesellschaft (S. 102)	abwertende Charakterisierung (plebs = Fußvolk; lat.)
ein Schüsschen Papen (S. 104) **(1879–1969)**	Franz von Papen, **Vizekanzler im Kabinett Hitlers**; er glaubte die Auswüchse des Nationalsozialismus verhindern zu können.
Nietzsche (S. 106) (1844–1900)	Friedrich Nietzsche, deutscher Philosoph (*Also sprach Zarathustra*); endete im Wahnsinn.
Sauerbruch (S. 106) (1875–1951)	Ferdinand Sauerbruch, bekannter deutscher Mediziner.
honoris causa (S. 106)	ehrenhalber; „Dr. h. c."
Rumplertaube (S.107) (1872–1940)	Flugzeugtyp aus dem Ersten Weltkrieg, gebaut 1910, benannt nach ihrem Konstrukteur Edmund Rumpler.

fleezen (S. 108)	sich lümmeln, flegeln
Reservoir (S. 108)	Vorratsbehälter
Beau (S. 108)	Schönling
Blocksberg (S. 109)	Von Goethe (1749–1832) in seinem Drama *Faust* populär gemachter Ort der ‚bösen Geister' und Schauplatz der ‚Walpurgisnacht' im Harz. Ausbildungsstätte der Nazis.
entartet (S. 111)	Im Mai 1933 holte Hitler zu einer in der Kulturgeschichte beispiellosen **Vernichtung von Kunst und Literatur** aus. Bücher wurden verbrannt und ihre Autoren mundtot gemacht. Es traf zunächst die Bücher, die unter Hitler als ‚entartet' verhetzt wurden, vornehmlich jene aus der Epoche des Expressionismus (1910–1925). Bald richteten sich **Verfolgung und Terror** aber auch gegen alle nicht ‚linientreuen' Schriftsteller und ihre Werke sowie gegen Maler und andere Künstler.
Bolschewismus (S. 113)	Radikale Form des russischen **Kommunismus**; neben dem Judentum sah Hitler im Bolschewismus die ärgste Gefahr; sein Ziel war die **Vernichtung** beider.

Dividende (S. 113)	Gewinnanteil
Minnedienst (S. 114)	Begriff der ‚minne' aus dem Mittelalter; Huldigung einer angebeteten Frau in Vers und Gesang durch die Minnesänger; volkstümlich gewordener Ausdruck für Liebesdienst.
Poussage (S. 114)	heftiger Flirt; oberflächliche intime Beziehung (franz. „pousser" = drängen, schieben, stoßen)
L´heure macabre (S. 116)	Totenstunde
‚*Danton' von Büchner* (S. 116) (1813–1837)	Deutscher Dramatiker des Realismus; früh verstorben; das Revolutionsdrama, auf das hier angespielt wird, entstand 1835, wurde aber erst 1910 in Hamburg uraufgeführt.
KdF (S. 122)	**Kraft durch Freude**; von den Nationalsozialisten organisierte Gemeinschaftsveranstaltungen zum Sichern von Gefolgschaftstreue und zur Erhaltung der Durchhaltemoral.
Schubert (S. 125) (1797–1828)	Franz Schubert; Wiener Komponist berühmter Liederzyklen (u. a. *Die Winterreise*), zahlreicher Symphonien und Klavierwerke.

PG (S. 126)	Abkürzung für Parteigenosse
Die Herren von der Themse (S. 128)	Galgenhumorige Bezeichnung, wie Harras sie liebt, für die anfliegenden britischen Bombengeschwader.

3. Akt (S. 129–156)

Hangars (S. 12)	Flugzeughallen
Spartakist (S. 131)	Anhänger des ‚Spartakusbundes' (s. u.)
KPD (S. 131)	**Kommunistische Partei Deutschlands**; 1918 gegründet; ihre Anhänger waren die sog. Spartakisten im **Spartakusbund**; von Hitler gnadenlos verfolgt.
Dr. Ley (S. 132) **(1890–1945)**	**Reichsorganisationsleiter** der NS-DAP; Leiter der **Deutschen Arbeitsfront**; beging in der Nürnberg Haft Selbstmord.
Schlüsselburg (S. 138)	Stadt am Ladogasee
Karboltempel (S. 138)	Lazarett, Krankenhaus (wegen des intensiven Geruchs nach Desinfektions- und Reinigungsmitteln)

Hades (S. 147)	in der Mythologie des klassischen Altertums: die Unterwelt
Rabitz (S. 147)	Mörtel, der auf einem mit Eisenstäben verstärkten Drahtgewebe fest sitzt.
der alte Marschall (S. 149)	gemeint ist **Hindenburg** (s. o.)
Hekatomben (S. 152)	Großes (Tier)-Opfer; hier verwendet als ausmalender Begriff für große Verluste.
Gregor der Große (S. 152) (540–604)	hat als Kirchenlehrer und Papst maßgeblich die Entwicklung der katholischen Kirche beeinflusst.
Nero (S. 153) (37–68)	Römischer Kaiser; in die Geschichte eingegangen als Tyrann und größenwahnsinniger Brandstifter Roms; **Hitler** wird hier mit ihm verglichen.
Gladiatoren (S. 153)	Im alten Rom Arena-Kämpfer; gemeint sind hier **Hitlers SS-Truppen.**

2.6 Stil und Sprache

Das auffallendste Merkmal der Bühnensprache in *Des Teufels General* ist ihre Uneinheitlichkeit, d. h. es wird im Verlaufe der drei Akte eine sich vergrößernde Kluft zwischen
der Realität (Nazi-Regime und seine Auswirkungen auf das
Handeln von Menschen) und ihrer künstlerischen Elaborie-
rung festgestellt, die sich im Wesentlichen sprachlich aus-
weist.[51] Darauf haben wir bereits mehrfach hingewiesen.
Carl Zuckmayer musste sich, wie erwähnt, vorwerfen lassen, zwar den Ton gewisser gesellschaftlicher Schichten des Dritten
Reichs in diesem Drama gut getroffen, aber dessen Wirklichkeit und

> Schwächen der Durchführung:
> „Mystifizierung – Dämonisie-
> rung – Symbolisierung"

seine eigene antifaschistische Botschaft nicht kompromisslos
und klar genug vermittelt zu haben. Das Drama gibt sich
unter diesem Aspekt sprachlich ‚vernebelt'. In den Ausführungen zum Aufbau des Stückes haben wir bereits die Struk-
tur gebende und handlungserläuternde Funktion der „Über-
schriften" angesprochen. An dieser Stelle möchten wir,
einigen Gedanken Wilfried Adlings[52], Siegfried Mews und
Volker Wehdekings folgend, auf ihren mystifizierenden Charakter und auf die Tendenzen einer gewissen Dämonisierung
hinweisen, die den dramatischen Atem des Dramas bestimmen.

In Adlings früher Untersuchung zum Drama wird Carl Zuckmayer u. a. ein gründliches Missverstehen des Nationalsozi-

---

51 Wir verweisen zu diesem Teilkapitel ganz eindringlich auf Volker Wehdeking und die bei Siegfried
   Mews zitierten Quellen.
52 Vgl. Wilfried Adling, zitiert nach Siegfried Mews, *Grundlagen*, S. 46–48. – Adlings Beitrag aus
   dem Jahr 1959 ist nachlesenswert. In ihm drückt sich das angestrengte Bemühen einer ganzen
   Zeit aus, den Nationalsozialismus in der Literatur, hier die Versäumnisse Zuckmayers in *Des
   Teufels General*, gedankenscharf aufzuarbeiten.

alismus und seiner Wurzeln vorgehalten. Als Folge daraus verkenne der Dramatiker die wesentlichen Zusammenhänge und dessen Wirkungskräfte (Kapitalismus als einziges Instrument, um die aufkommende Arbeiterbewegung einschließlich ihrer radikalen KPD-Flügel zu bekämpfen) und gelange daher in seinem Drama zu einer „Mystifizierung" des Regimes. Das Versagen, das einzelnen Figuren im Drama zugeschrieben wird (Mohrungen als Kapitalist, Pflungk als dekadentem Vertreter der gehobenen Bürgertums), ihre Provinzialität und ihre naiv erscheinende Alltagsattitüde verharmlosen und verfälschen den Machtapparat und die Vielzahl der Beteiligten ganz entschieden. Dass Zuckmayer ihnen eine Kraftgestalt wie den ‚dämonischen' General Harras entgegensetzt, der den Lockangeboten der großen und kleinen Apparatschiks zwar widerstehe (Mohrungen, Schmidt-Lausitz, Pützchen), aber letztlich auch vom Glauben an das Dämonische nicht frei sei, könne einer gefährlichen Fehlinterpretation des Nationalsozialismus Vorschub leisten und zeige das Bild eines nur scheinbar engagierten ‚Antifaschismus' des Autors.

Zweifellos können der edle, sich selbst genügende ‚Heroismus', die ‚philosophische' Daseinsinterpretation und die zynische Indifferenz gegenüber dem System, wie sie Harras bis zu seiner ‚Läuterung' an den Tag legt, Kritik an diesem Stück begründen, Resultat von Zuckmayers ungenauer Realitätserfassung und seiner politischen „Ahnungslosigkeit". Nüchtern befindet deshalb W. Adling: „Bezeichnungen wie *Des Teufels General* oder *Höllenmaschine* (1. Akt), *Galgenfrist oder die Hand* (2. Akt), *Verdammnis* (3. Akt) sind kein Zufall, sondern deuten darauf hin, wie sehr der Autor im Faschismus etwas Dämonisches sieht."[53]

---

53 W. Adling, S. 46

Es könnte mit Adlings Ausführungen gefolgert werden, dass Zuckmayer, dessen vorbehaltlose Sympathie für den Flieger-General offenkundig ist, mit einem solch undifferenzierten Bild des Nationalsozialismus Ansichten und Gefühle von Millionen teilte, die es (auch) hätten besser wissen und besser machen müssen, jedoch dem pomphaften Rausch der Nazis und dem Glauben an eine gewisse ‚Dämonie' des Führers und seiner Vasallen erlegen waren. Aus Zuckmayers Biografie weiß man es inzwischen besser, und es sollte nicht übersehen werden, dass es sich bei Harras zuerst und entschieden um eine Dramenfigur handelt.

Dennoch: Hätte Zuckmayer nicht mehr rationale Distanz beweisen müssen? Die Frage ist oft gestellt und ebenso oft – auch von ihm selbst – beantwortet worden. Wie wenig er sich als ‚politischer', in welchem Maße aber als ein dem Menschsein verpflichteter Schriftsteller verstand, haben wir in unseren einleitenden Kapiteln deutlich zu machen versucht. (⇒ **1.1–1.3**) Von (dichterischer) Sprache, um dieses Menschsein auszudrücken, hatte er sein eigenes Verständnis.

> Totalitätserfassung des menschlichen Daseins; Sprache kein analytisches, objektivierendes Instrument

Was er in seiner Festrede zum hundersten Geburtstag Gerhart Hauptmanns sagte, mag man genau so gut auf ihn selbst beziehen:

> *„Gerhart Hauptmanns Sprache wächst ebenso aus einer natürlichen Sinnenfülle, aus einer irdisch-konkreten Anschauungskraft, wie aus einer künstlerischen Passion, das heißt aus einer übersinnlichen, überirdischen Liebe, die dem schöpferischen Geheimnis, dem Offenbarungsgehalt aller Sprache gilt."*[54]

---

54 Carl Zuckmayer, *Ein voller Erdentag*, S. 163

Von hier aus wird verständlich, dass mit der Zuspitzung des dramatischen Konflikts in *Des Teufels General*, d. h. mit der Enthüllung der ‚Wahrheit', Zuckmayers Sprache zunehmend symbolbeschwert wird. „Wes das Herz voll ist, dem läuft die Zunge über", lautet eine volkstümliche Redensart, und Carl Zuckmayers Herz war übervoll von Sorge und Schmerz um das, was sich im fernen Deutschland zutrug, und er fühlte sich aufgerufen, dies so mitzuteilen, wie es sein Gewissen und seine Empfindungen ihm diktierten.

Beleuchten wir nun kurz einige Details unter dem Stichwort „Symbolisierung": Der 1. Akt ist in sich noch geschlossen und zeigt jene Urwüchsigkeit, die Zuckmayer selbst besaß und die er in den Figurenreden bruchlos vermitteln konnte. Bereits im 2. Akt jedoch werden Figuren und Handlung dämonisiert. Die Angst und Gebundenheit Harras' (des Menschen an sich) an sein Schicksal werden mit expressionistischen Mitteln verdeutlicht. – Der 3. Akt wird ganz von religiöser und expressionistischer Symbolik beherrscht.

Im 1. Akt des Dramas, in dem Milieu und Sprache noch stimmig sind, überzeugen die Figuren als „pralle, dichte, völlig unverzerrte und scharf konturierte Gestalten."[55] Alltagsrede, Jargon und Dialekt (Fliegersprache; Berlinerisch), steifes Pathos der Funktionärssprache (Schmidt-Lausitz; Mohrungen, Pflungk) färben die Atmosphäre des Geschehens authentisch. „Es knistert, funkelt, säuselt und kracht", begeisterte sich der Rezensent der Zeitung *Die Welt* nach der deutschen Erstaufführung in Hamburg (1947). „Von der Lyrik bis zur Kolportage sind mit einzigartiger Treffsicherheit alle Wirkungselemente der Bühne eingesetzt."[56] Als eine

---

55 Walther Karsch zur ersten Berliner Inszenierung 1948, in: Siegfried Mews, *Grundlagen*, S. 71
56 Gerhard Sanden, in: Siegfried Mews, *Grundlagen*, S. 68

„Meisterleistung in der naturalistischen Tradition" bezeichnet, knüpft dieser erste Akt an beste Vorbilder und vor allem an die bejubelten Stücke *Der fröhliche Weinberg* und *Der Hauptmann von Köpenick* an.[57]

Über dem ganzen 2. Akt liegt beherrschend das Motiv des Todes. Im Zwiegespräch Harras/Hartmann gegen Ende des 1. Aktes wurde es vorbereitet. Das Geschehen verliert an Handlungsintensität, die Dialoge an Farbigkeit. Vorgänge und Dialoge werden symbolisch aufgeladen und bedeutungsschwer. Ein „Sonnenuntergang" (S. 88) weist auf Kommendes.[58] Der Tod des jüdischen Ehepaares Bergmann ist der erste deutliche Hinweis auf Harras' schicksalhafte Verstrickung in Leid und Untergang. (S. 97) Beim Hören von Wagners *Götterdämmerung* im Radio, das er rasch abschaltet, argwöhnt er: „Hitlersche Schicksalsmusik. Oder die unsre?" (S. 100) Es ist die Rede vom „verlorene(n) Paradies" (S. 100). Diddos Anspielung auf Büchners Revolutionsdrama *Dantons Tod* suggeriert Endzeitstimmung. Schließlich kommt der Tod ganz nahe durch die Nachricht vom Absturz Friedrich Eilers. (S. 119) Die Warnzeichen sind nicht zu überhören, aber noch andere sind buchstäblich in der Luft. Das forciert Dämonische dieses Aktes findet seine höchste Steigerung in den wiederholten, beinahe surrealistischen Lichteffekten (Harras: „Wenn ich abends allein bin – und wenn es dunkler wird – da wächst sie dort über die Dächer. So – (...) Nur eine Hand. Fünf Finger. Aber – riesenhaft. Ungeheuer. Als könne sie die ganze Stadt ergreifen – und hochheben – und wegschmeißen. (...) Fünf suchende Lichtsäulen. Sonst nichts. Aber es ist doch eine Hand." – S. 98), gipfelnd als „fünf bleiche,

---

57 Volker Wehdeking, S. 99

58 Eines der späten Dramen des von Zuckmayer verehrten Gerhart Hauptmann trägt den Titel *Vor Sonnenuntergang* (1932). - Das Bildzitat dürfte von daher beeinflusst gewesen sein.

gefächerte Strahlen", die „wie die Finger einer riesenhaft ausgespreizten Hand" aussehen. (S. 124) Zuckmayer zwingt den Zuschauer/Leser in dieser Wiederholung geradezu gewaltsam in die von ihm vorgezeichnete Wendung des Geschehens, über dem nun unentrinnbar eine höhere Wahrheit waltet. Dazu passen Harras Stimme „aus der Tiefe" und sein dreimaliges „Ich habe Angst", mit denen er seinen Gottesanruf „Herrgott im Himmel " (S. 124) bekräftigt. – Nach eigenem Bekunden hatte Carl Zuckmayer mit diesem 2. Akt große Probleme[59], und so nimmt es nicht wunder, dass die Literaturkritik mehr oder weniger deutliche Abstriche formulierte. Während Volker Wehdeking noch mit verhaltener Ironie auf „erprobte expressionistische Bühnentechnik" hinweist, die „zur Wirkung" komme[60], schlägt ein Paul Rilla erbarmungslos zu: „So gesalbt mit der edelsten Druckerschwärze, deren Zuckmayer habhaft werden konnte, gerät der General Harras freilich in die Gefahr, sein besseres Ich gänzlich zu Gunsten der schlechten höheren Literatur zu verleugnen, auf die sein Autor erpicht ist."[61] Nicht weniger heftig klingt es bei Volker Klotz in dessen Kritik der Berliner Neuinszenierung von 1967, deren Wortlaut wir später ausschnitthaft wiedergeben. (⇒2.7)

Im 3. Akt werden die symbolischen und expressionistischen Elemente noch verstärkt.[62] Die zuvor aufgebrochenen Gegensätze zwischen ‚Himmel und Hölle' vertiefen sich. Das „rötliche Licht eines frühen Wintermorgens" (S. 129) beleuchtet die Eingangsszene zum letzten, sich nun wieder dramatisch

---

59 Horst Bienek, *Werkstattgespräche mit Schriftstellern*, S. 207
60 Volker Wehdeking, S. 90
61 Paul Rilla, S. 51
62 Expressionismus: Epochenbezeichnung für die Kunst und Literatur der Jahre zwischen 1910 und 1925; der E. verstand sich als revolutionär und sprengte alle bis dahin gültigen Form- und Stilgesetze.

zuspitzenden Geschehen, das jedoch kaum noch etwas von der geschlossenen Atmosphäre und sprachlichen Authentizität des ersten Akts aufweist. Von Harras Rechenschaft fordernd, tritt Anne Eilers auf, „ganz in Schwarz gekleidet" und „mit einem schwarzen Schleier vorm Gesicht." (S. 142) Unwillkürlich stellt sich das Bild einer parzenhaften Erscheinung ein.[63] „Ferne Trommelmusik" und „Fanfaren" antizipieren ebenso feierlich wie peinlich die unabwendbar bevorstehende Sühne. (S. 146) „Mit einem Mensch(en) in seiner letzten Stunde" (S. 148), dessen „Urteil mit Blut geschrieben ist" (S. 154), gerät dann die Schlusssequenz zu einer atemnehmenden „schillerschen Schlussapotheose des geläuterten Harras"[64], in der von der Kritik die ganze Bemühtheit Carl Zuckmayers gesehen wird, gleichzeitig die Vergeblichkeit, den Charakterwandel seines Helden und die politische Botschaft des Stücks miteinander in Einklang zu bringen.

Was die Kritik an der „Dämonisierung" und „Symbolisierung" in diesem Stück angeht, stimmen wir dem insgesamt nachsichtigeren Urteil Wehdekings zu. Er hält Carl Zuckmayer zugute, dass dieser „wenigstens einen Schritt vom Wunsch zum politischen Pamphlet"[65] machen wollte. Selbstbewusst und seine Grenzen gleichzeitig kennend, formulierte Carl Zuckmayer im bereits zitierten Interview mit Horst Bienek:

„Die Hauptsache ist wohl, dass man jedes Mal und mit allem, was man macht, seine Haut zu Markte trägt und seinen Kopf hinhält, das heißt also: nicht bequem wird (Einwurf Bienek:

---

63 Parzen: griechische Schicksalsgöttinnen
64 Volker Wehdeking, S. 91
65 Volker Wehdeking, S. 95

> *– und genau das schreiben will, was man schreiben muss –), –*
> *was man schreiben muss und was einen von Fall zu Fall über-*
> *wältigt und wofür man dann keine ganz exakte Erklärung hat,*
> *warum man gerade das schreibt, aber man spürt's."*[66]

Wer ein sprachlich scharf kalkuliertes politisches Drama er-
wartet hatte, musste sich getäuscht sehen und lernen, dass
Carl Zuckmayer Geschichte und Welt, auch Weltgeschichte,
eben aus einer anderen Perspektive darstellte. Dabei diente
Sprache nicht in erster Linie der Objektivierung.

---

66 Carl Zuckmayer im Gespräch mit Horst Bienek, siehe Bienek, S. 210

2.7 Interpretationsansätze

In wenigen Werken der jüngeren deutschen Literatur sind
Dichtung und Wirklichkeit so eng aufeinander bezogen wie in
Zuckmayers *Des Teufels General.* Zahlreiche Interpretationen
einer insgesamt nicht ausufernd breiten Sekundärliteratur zu
diesem Werk gehen deshalb auf den Wirklichkeitsgehalt,
d. h. die zeitbezogene Problemstellung ein (Vergangenheitsbewältigung, Exil, Widerstand). Andere Ansätze konzentrieren
sich aus unterschiedlichen Blickwinkeln auf den Helden des
Stückes, General Harras. Nicht zuletzt werden literarische Di-
mensionen in den Mittelpunkt von Betrachtung und Deutung
gerückt (Form und Sprache des Dramas; Parallelen zu anderen Dramen und Autoren). – Vor dem Hintergrund der Zeit
und des persönlichen Erlebens Carl Zuckmayers stellen wir
an dieser Stelle eine Interpretationsskizze vor, in der wir unseren Blick auf den Gesichtspunkt von „Schicksal, Schuld und
Tragik" richten (Harras, Oderbruch).

Seit jeher sind menschliches Dasein und Geschichte Materi-
al für Dichter und Denker gewesen, aus denen auch Literatur geformt worden ist. So weit wir aber in die Geschichte
zurückblicken, noch nie war der Mensch durch den Menschen so sehr in Frage gestellt wie in den Jahren des Nationalsozialismus. Noch nie hat eine andere Zeit so viel Bewäl-
tigungskraft erfordert wie die Jahre nach 1945, und zu keiner
Zeit existiert so viel an Dichtung wie dazu. Noch nie hat ein
Staat, ein politisches System, seinen Menschen die Entscheidung zwischen „Ja" oder „Nein" abverlangt mit derart exis-
tenzbestimmenden Konsequenzen. Nie hat eine politische
Partei je ein Volk derart unterjocht und rücksichtslos unter
Verachtung aller Kulturwerte und jeder Menschenwürde in

den Untergang getrieben. Noch nie sind Menschen so schuldig geworden wie in der Zeit der Nazi-Diktatur. Das ist einmalig in der Weltgeschichte und bestimmend geworden für das Leben danach. Auch Carl Zuckmayers Existenz war, wie zuvor dargelegt (⇒1.2), durch die Nazis bedrängt. Ihr System verkörperte für ihn das radikal Böse, dessen grässlichste Personifizierung Hitler war (der ‚Teufel').

In dieser Welt nun steht General Harras seinen Mann, der Draufgänger mit dem weichen Herzen und der empfindsamen Seele. Obwohl er in der Luftwaffe des Dritten Reichs dient, verachtet er es im Grunde seines Herzens. Harras ist „ein guter, liebenswerter Mensch, mit einer Fülle von Eigenschaften ausgestattet", der nicht mehr die „Kraft hat, sich dem Regime zu widersetzen"[67], bis ihn sein Gewissen einholt. In der ihm eigenen Unbekümmertheit ist er deshalb auch allen anderen Personen des Stückes überlegen, zugleich ungleich mehr in der Gefahr, Fehler zu machen. Harras' Schuld liegt in seinem bedenkenlosen Handeln, in seiner Bereitschaft, fliegerische Großtaten zu vollbringen, mit denen er die Unmenschlichkeit des Systems stützt. Dennoch wird er von den Menschen, die sich den Nazis nicht verschrieben haben, geschätzt und verehrt, auch von Oderbruch, dem großen Schweiger, der so viel weiß und so spät bekennt. Das lässt dessen stillen, leidenden Widerstand umso tragischer erscheinen. Vor einem „höheren Gesetz" ist Harras schuldiger als Oderbruch, der sich auf die Seite des aktiven Widerstands gestellt hat. Dieses höhere Gesetz erfüllt er schließlich durch die Entscheidung, Oderbruch nach

ein Stück um Schicksal, Schuld und Sühne

---

67 J. Vandenrath, *Drama und Theater in Carl Zuckmayers Bühnendichtung*, zitiert nach S. Mews, *Grundlagen*, S. 49

dessen Geständnis nicht auszuliefern, sondern die Konsequenz für begangene Versäumnisse und Schwächen nicht nur zu tragen, sondern mit dem eigenen Leben zu bezahlen und damit seinen Teil der Schuld am Tode anderer zu sühnen.

Hierin knüpft Zuckmayer an die Tradition des klassischen Dramas an und hinterlässt eine Tragödie des modernen Menschen, der an sich, an den Menschen und an der Welt schuldig wird, weil er ihre Nöte und Bedürfnisse nicht erkennt.

————

„Das Drama ist ganz in der Zuckmayer-Thematik angesiedelt. Es treten Menschen auf, die im Zweiten Weltkrieg das Leben trotz aller Widrigkeiten lieben. Zu dieser Lebensliebe gehört auch das Akzeptieren des Todes. Der Tod kann als Abschluss eines erfüllten Lebens erfahren werden oder führt, wie bei General Harras, zur Lösung aus schuldhaften Verstrickungen."[68]

„Mit diesem Drama unternimmt Zuckmayer nicht nur den Versuch, die Männer des Widerstands zu rechtfertigen, sondern auch den einer Ehrenrettung des anderen, des besseren Deutschlands, Kollektivschuld lehnt er ab. Die aktuellen Fragen führt er, typisch für seine Schaffensweise, auf die zeitlosen Wurzeln zurück."[69]

„Die Intentionen des Autors zielen in ‚Des Teufels General' deutlich auf einen moralischen Lernprozess, den sein Protagonist Harras stufenweise auf Grund menschlicher Begegnungen durchmacht."[70]

————

68 Thomas Ayck, S. 127
69 Karin, Kathrein, S. 448
70 Volker Wehdeking, S. 87

An den Schluss dieses Teilkapitels stellen wir einige Passagen aus *Über das Tragische* (1952) von Karl Jaspers, dem großen christlichen Existenz- und Geschichtsphilosophen. Mit Jaspers deuten wir Zuckmayers Kreisen um menschliches Schuldigwerden sozusagen abstrakt-philosophisch, weisen damit jedoch weiter und allgemeiner über den Rahmen des Dramas hinaus:

„Das Tragische sucht von der Anschauung als ein Geschehen, das das Grauen erregende des Daseins zeigt, aber des menschlichen Daseins, und dieses in den Verstrickungen aus dem Umgreifenden des Menschseins. (...) Das Sein erscheint im Scheitern. Im Scheitern ist das Sein nicht verloren, sondern gerade ganz und entschieden fühlbar. Es gibt keine transzendenzlose Tragik. Noch im Trotz bloßer Selbstbehauptung im Untergang gegen Götter und Schicksal ist ein Transzendieren: zum Sein, das der Mensch eigentlich ist und im Untergang an sich selbst erfährt.

Das eigentliche Bewusstsein des Tragischen, womit zugleich das Tragische erst wirklich wird, erfasst nicht nur Leiden und Tod, nicht die bloße Endlichkeit und Vergänglichkeit. Damit dies alles tragisch werde, muss der Mensch handeln. Der Mensch bewirkt durch sein eigenes Tun erst die Verstrickung. (...) Scheitern folgt einer Handlung, die als sittlich notwendig und wahr aus dem Ursprung der Freiheit hell hervorgeht. Der Mensch kann der Schuld nicht entrinnen, indem er recht und wahr handelt: Die Schuld selbst hat einen Charakter von Schuldlosigkeit. Der Mensch nimmt es auf sich, weicht der Schuld nicht aus, und steht zu seiner Schuld, nicht aus Trotz des Eigenwillens, sondern aus der Wahrheit, die scheitern muss im Opfer.

Tragik ist dort, wo die Mächte, die kollidieren, jede für sich wahr sind. Die Gespaltenheit des Wahrseins oder die Nichteinheit der Wahrheit ist ein Grundbefund des tragischen Wissens.

Daher ist in der Tragödie die Frage lebendig: Was ist wahr? Und in deren Folge: Wer hat das Recht? Hat das Recht Erfolg in der Welt? Siegt das Wahre? Das Offenbaren von Wahrheit in allem Wirkenden und zugleich die Begrenzung dieses Wahren und damit das Offenbarwerden des Unrechts in allem ist der Prozess der Tragödie.

Allen Deutungen gemeinsam ist: die Offenbarkeit des Seins im Scheitern wird angesichts des Tragischen erfahren. Im Tragischen geschieht das Transzendieren über Elend und Schrecken zum Grunde hin."[71]

---

71 Karl Jaspers, zitiert nach Margret Dietrich und Paul Stefanek, *Deutsche Dramaturgie*, S. 156–160

3. Themen und Aufgaben

In unserer Vorbemerkung haben wir angemerkt, dass Carl Zuckmayers Drama *Des Teufels General* immer noch eine lohnende Lektüre ist. Im Verlaufe der Erläuterungen mag diese Aussage im Detail erhärtet worden sein. Wir geben uns jedoch keinen Illusionen hin, was die tatsächliche Arbeit an und mit dem Drama in Schulen angeht. Das Stück ist alles andere als bevorzugt. In der jüngeren Interpretationsliteratur finden wir weit mehr Beiträge zu *Der Hauptmann von Köpenick* als zum besprochenen Widerstandsdrama.[72] Demzufolge scheint es augenblicklich nicht ‚in' zu sein. Wer sich ihm zuwendet, findet jedoch in den zumeist älteren unterrichtsbezogenen Veröffentlichungen wertvolle Hinweise und Hilfen für die konkrete Planung und die unterrichtliche Realisierung.[73] Unsere Absicht ist es, in diesem knappen Exkurs-Kapitel einige Vorschläge zu machen, die über die im herkömmlichen Vermittlungskanon anzutreffenden hinausgehen. Das leitende Stichwort ist dabei „produktive Literaturverarbeitung", die inzwischen selbst im ‚seriösen Literaturunterricht' ihren Platz hat. Wir möchten aber auch nicht versäumen, eine kurze Betrachtung an den Anfang zu stellen, die gewissermaßen zwischen den ganz ‚traditionellen' Verfahren der Analyse und Interpretation und den mehr ‚kreativen' Verfahren liegt.

Zuckmayers *Des Teufels General* behandelt das Dritte Reich, fokussiert auf den dramatischen Hintergrund unaufgeklärter Sabotageakte, an denen sich das Schicksal eines Menschen

---

72 *Der Hauptmann von Köpenick*, erläutert von Lore Lucas (Bochum: Kamp, 1977), Günter Scholdt/ Walter Dirk (Stuttgart: Klett, ⁴1984); Hans Gehrke (Hollfeld: Beyer, ³1998); Wilhelm Große (Hollfeld: Bange, ¹2001).

73 vgl. Murray B. Peppard, *Monatshefte für deutschen Unterricht 44* (1952), S. 349–356

entscheidet. (General Harras). Es bietet sich an, das Drama als Folie aufzugreifen und daran fachübergreifend einigen Aspekten nachzugehen, die sich mit den Machenschaften im Nazi-Deutschland und mit Fragen des Widerstandes beschäftigen. Der Text liefert dazu sehr anschauliches Hintergrundmaterial zu folgenden Stichwörtern (Beispiele):

	Textgrundlage:
Bespitzelung und Denunziation	S. 9; S. 72; S. 115
Soldatengeist und Kameradschaft	S. 21 ff.; S. 130 f.
Gestapomethoden	S. 35; S. 42; S. 72; S. 95; S. 78 ff.; S. 136; S. 156
Situation der Juden	S. 48; S. 55
Emigrantenschicksale	S. 55
Verfolgung „entarteter Künstler"	S. 55; S. 109–111
Kriegsereignisse (Russlandfeldzug mit dem Stillstand vor Moskau)	S. 31; S. 33; S. 34; S. 58; S. 82; 100
Figuren und Ereignisse der Geschichte in lichtpunktartiger Beleuchtung	S. 20; S. 92; S. 105; S. 119; S. 132
Widerstand – Widerstandskämpfer	S. 5 (Widmung) sowie durchgehend bis S. 148 ff.;

Von hier aus können Zusammenhänge und Fakten zum Thema „Drittes Reich" in einem erweiterten Kontext reflektiert und erörtert werden. Der Text als „literarisches Kunstwerk" tritt in den Hintergrund. Man kann sich mit dem „Anlesen" des Dramas begnügen.

———

Von einem ganz anderen Ansatz gehen die nachfolgenden Vorschläge aus. Sie setzen eine genaue Textkenntnis voraus und setzen den Leser frei, daraus eigene Themen im Sinne einer kreativ-produktiven Weiterverarbeitung abzuleiten. Diese können sich auf unterschiedliche Textaspekte beziehen (z. B. Figurenkonstellation; Figurenrede; Raum, Zeit, Komposition).[74] In der zu Grunde liegenden Literatur wird in diesem Zusammenhang von der „produktiven Veränderung literarischer Texte" gesprochen. Damit sind Verfahren gemeint wie: **Darstellen der inneren Vorgänge einer Dramenfigur – Hinzufügen von Episoden – Kürzen/Erweitern einer Dramenszene – Herstellen einer Antifigur – Veränderungen der Sprachform (z. B. elaborierte Sprache in Umgangssprache) – Ausstatten eines in der Vergangenheit spielenden Erzähl- oder Dramentextes.**[75]

Wir gruppieren die nachfolgenden Themen- und Aufgabenvorschläge im Wesentlichen um die Figuren und das zentrale Thema des Widerstands.

---

74 Begriffe bei Bernd Matzkowski (siehe unter Literatur)
75 vgl. Günter Waldmann, *Produktiver Umgang mit Literatur*, S. 62–85

Aufgabenfeld „Figuren" und „Figurenrede":

▶ Stellen Sie sich vor, General Harras schriebe einen **Brief** an Diddo (die inzwischen in Sicherheit ist), nachdem er von Oderbruch die Wahrheit erfahren hat. Formulieren Sie diesen Brief.

▶ Übernehmen Sie die Rolle eines ‚**Chefanklägers'** gegen General Harras. Was könnten Sie ihm vorwerfen?

▶ Zeichnen Sie die ‚**fantastische Karriere'** der Olivia Geiss nach.

▶ Sie finden einen **Brief,** den Harras früher einmal **an Olivia** geschrieben hat. Wie stellt sich Harras dar?

▶ Pützchen hat die Verlobung gelöst. – In einem **Tagebuch** hält Leutnant Hartmann seine Gefühle und Gedanken darüber fest. Formulieren Sie diese Eintragung.

▶ Diddo schwärmt ihrer Tante von Harras vor. Welche **warnenden Worte** wird sie zu hören bekommen?

▶ Dr. Schmidt-Lausitz hat eine **atemberauraubende Karriere** bei den Nazis gemacht. Stellen Sie die **Meilensteine** dieses Weges zusammen.

▶ Buddy Lawrence hat einen **Artikel** über den von ihm verehrten General Harras für seine amerikanische Zeitung geschrieben. Wie könnte dieser Artikel aussehen?

▶ Der Maler Schlick ist als „entarteter Künstler" schon

mehrfach zu Verhören vorgeladen worden. – Wie könnte
er seine Kunst im Sinne der Nazis interpretieren?
Schreiben Sie seine **Verteidigungsrede**.

▶ Harras hinterlässt einen **Abschiedsbrief** an Leutnant
Hartmann. Formulieren Sie diesen.

▶ In einem **Gespräch** mit seiner Tochter (Pützchen) äußert
Mohrungen seine ganze Enttäuschung und sein Unver-
ständnis. Er lässt deutlich werden, dass auch seine Haltung gegenüber den Nazis ideologisch distanzierter ist,
als es sein Amt vermuten lässt. Skizzieren Sie dieses Gespräch.

▶ General Harras wird vom Propagandaministerium des
Reichs zu einer öffentlichen **Erklärung** und **Stellungnahme** aufgefordert. – Was könnte er in einem ca. fünf-
minütigen Statement aussagen, um seine Verdachtsmo-
mente zu verschleiern? – Wie könnte es aussehen, wenn
er auf eine sehr direkte Art seinen Verdacht äußert?

▶ Nach Kriegsende fasst Hartmann seine Erinnerungen in
einem Buch zusammen. Es ist General Harras gewidmet
und enthält dessen **Charakterporträt.** Formulieren Sie
dieses Porträt.

Anm.: Schreiben Sie so ‚authentisch' wie möglich, indem
Sie der Textvorlage einzelne Passagen, wo möglich, im Wortlaut entnehmen und in Ihre Darstellung einpassen.

Thema „**Widerstand**"

Aufgabenfeld zum Thema „Widerstand"
Es soll sich hierbei um Ergänzungen zum Drama handeln, die Sie „begründet" in einen der drei Akte einfügen (fiktive Texterweiterung)

▶ Hartmann schwankt zwischen begeisterter Zustimmung zum Nationalsozialismus und nüchterner Einschätzung der Realität. – Er wird auf seine Bereitschaft angesprochen, den Nazis entgegenzutreten. Schreiben Sie seinen **Monolog**.

▶ Die beiden von Harras verhörten Arbeiter gehören dem Widerstandskreis um Oderbruch an. Wie hat Oderbruch sie gewonnen? Skizzieren Sie einen Entwurf mit Oderbruchs **Argumenten**.

▶ Oderbruch zieht seine Frau ins Vertrauen. Welcher **Dialog** könnte sich entsponnen haben?

▶ General Harras schöpft einen ihm unwahrscheinlich erscheinenden **Verdacht**: Oderbruch. Er unterhält sich darüber mit Olivia. Was könnte sie ihm entgegenhalten?

▶ Das Schicksal der jüdischen Familie Bergmann beschäftigt den Journalisten Lawrence. Schreiben Sie seinen **Artikel** zu einem ‚jüdischen Schicksal', in dem er über die ‚Flucht ins Exil' oder ‚aktiven Widerstand' nachdenkt.

▶ Nach dem Tod ihres Mannes tritt Anne Eilers dem Widerstand bei. Formulieren Sie die Begründung ihrer **Entscheidung** gegenüber Olivia und Harras.

▶ General Harras geht in Gedanken lange Wege zurück und kommt zu einen entscheidenden Punkt seines Lebens, an dem er die Wahl hatte, eine Widerstandsgruppe aufzubauen oder *Des Teufels General* zu werden. Entwerfen Sie eine solche **Erinnerungsszene** zwischen Hartmann und Harras.

▶ Schmidt-Lausitz äußert sich im Drama abfällig über Remarque. Erfinden Sie eine **Begegnungsszene** beider miteinander, in der Remarque ihm prophezeit, dass sich in Deutschland mit den Jahren ein geheimer, vom Ausland unterstützter Widerstand bilden werde. Schmidt-Lausitz hält das für unmöglich und widerspricht Remarque mit Entschiedenheit.

▶ Pützchen hat Wind davon bekommen, wer dem Widerstand angehört. Sie wendet sich mit entsprechenden eifrigen **Enthüllungen** an General Harras. Er nimmt sie nicht ernst. Skizzieren Sie dieses Gespräch.

Anmerkung: Schreiben Sie so ‚authentisch' wie möglich, indem Sie sich an den Dramentext halten und die Charaktereigenschaften sowie die personentypische Sprache aufgreifen.

4. Rezeptionsgeschichte und Materialien

Unkritisch wurde *Des Teufels General* nie gesehen bei aller Begeisterung, die man dem Stück zunächst entgegenbrachte und bei aller Hochachtung vor dem Mut des Autors. Die Kritikerszene teilte sich jedoch bald in zwei extreme Richtungen. Die politisch rechts Stehenden applaudierten, die politisch links Orientierten attackierten. Was die einen als ein bedeutendes literarisches Kunstwerk priesen, wurde von den anderen als unpolitisch und weltanschaulich wenig ausgeprägt abgetan. Dem Stück und seinem etwa ein Dutzend Jahre anhaltenden Erfolg auf der Bühne dienten beide Seiten, denn sie entfachten immer wieder die öffentliche Diskussion. In dieser ging es meistens und immer wieder um die politische Dimension des Stückes, die künstlerische hatte man zu Genüge diskutiert.

Die Materialien dieses Kapitels sind in drei Blöcken zusammengestellt. **Der erste Block** beschreibt die Anfänge der deutschen Nachkriegsliteratur (H. L. Arnold, E.-M. Kabisch) und verdeutlicht das geistig-politische Klima, in dem Carl Zuckmayers Bühnenstück diskutiert wurde. – **Im zweiten Block,** Bezug nehmend auf eines der Kernthemen des Dramas, wird das Problem des Widerstandes aufgegriffen (R. Lill/H. Oberreuter, P. Steinbach, K. D. Bracher). – **Im dritten Block** werden unterschiedliche Stellungnahmen zum Stück und zu seinem Autor zitiert (F. Emmel, H. P. Franke, E. Kogon, V. Klotz, S. Melchinger, H. Mühlbauer, G. Rühle).

Erster Block

(1) Heinz Ludwig Arnold stellt die Bedeutung des französischen Existenzialismus für die Entwicklung der jungen deutschen Nachkriegsliteratur heraus:

„Die jungen Schriftsteller wollten den neuen Anfang um jeden Preis; und sie traten damit sehr bewusst das historische deutsche Erbe an. (...) In dieser Literatur, die sich doch im Aufbruch befand, erscheint das Individuum noch ganz zurückgeworfen auf seine nackte, leidende, zufällige Existenz.

Hier entstand jenes Bedürfnis nach gesellschaftlicher Teilhabe, dem der französische Existenzialismus von Sartre und Camus und ihr Konzept einer engagierten Literatur entgegenkamen; der Existenzialismus in seiner linken Variante, wie er sich in der französischen Résistance gegen den Faschismus entwickelt hatte, war in den fünfziger Jahren einer der wichtigsten Orientierungspunkte für die jungen deutschen Intellektuellen. (...)

Langsam bildete sich auch in der westdeutschen Bevölkerung unter dem Druck vor allem amerikanischer ‚Reeducation-Politik' das Verständnis für die neue Demokratie. Es wurde vorderhand geprägt von einer als christlich firmierenden Politik, die das 1945 entstandene moralische Vakuum schnell auffüllte. (...) Der sich ausbildende Demokratiebegriff war primär defensiv; mit einem versöhnlicheren Blick auf die nationalsozialistische Vergangenheit und einem unversöhnlichen Blick auf den kommunistischen Osten. (...)

In diesem Umfeld markierten Camus' Begriff des Absurden und Sartres Bestimmungen von Existenzialismus und engagierter Literatur die Pole, zwischen denen sich die jungen Schriftsteller in ihrer Auseinandersetzung mit Nationalsozialismus und Krieg und mit ihrer gegenwärtigen und politischen Situation auf einer gemeinsamen Position finden konnten."[76]

(2) Kurz und prägnant führt Eva-Maria Kabisch die wesentlichen Voraussetzungen für das Zustandekommen der Literatur nach 1933 auf:

„In knapp einer Generation werden schwerwiegende Erschütterungen der politischen, gesellschaftlichen und wirtschaftlichen Verhältnisse sowie der Weltanschauung erlebt. (...) Nach 1933 äußere oder innere Emigration angesichts antihumaner Politik, rassischer Verfolgung, Bücherverbrennung am 10. 4. 1933 (...) Persönliches Leid, Verfolgungen in der ‚inneren' Not und Fremdheit in der äußeren Emigration. Die Schuld am Zweiten Weltkrieg, die Mitverantwortung der Mitwissenden für das Unrecht, das Versagen einer idealistischen Kultur angesichts von Brutalität und Perfektion des Verbrechens werden zentrale Themen der Literatur; ihre Aufarbeitung ist ein Versuch, nach Krieg und Zusammenbruch geistig zu überleben."[77]

Zweiter Block

(3) Nach dem Abklingen der Erschütterungen um das Ende Deutschlands konnte man gelassener und objektiver Stellung zu den 12 Jahren des Nationalsozialismus nehmen. Peter Steinbach begründet aus einem modernen Demokratieverständnis das Recht auf Widerstand:

„Die Rechtfertigung von Widerstand gehört heute zu den Bestandteilen der politischen Kultur einer Demokratie. (...)

---

76 Heinz Ludwig Arnold, *Die westdeutsche Literatur*, S. 33 f.
77 Eva Maria Kabisch, *Literaturgeschichte*, S. 32

Widerstehen und Widerständigkeit, Zivilcourage und ziviler Unge-
horsam, Dissidenz und Resistenz, Nonkonformität und abweichen-
des Verhalten, schließlich fundamentaler Protest und prinzipielle
Opposition müssen zwar innerhalb des demokratischen Systems
durchdacht und begrifflich prädiziert werden. Dennoch verweisen
diese Schlagworte eher auf die Lebenswirklichkeit von Diktaturen,
die ihre letzte Steigerungsform im totalen Staat finden. Deshalb
gilt als unbestritten: Widerstand bezeichnet Reaktionen auf Macht-
missbrauch, auf Verfassungsbruch und Menschenrechtsverletzung;
Widerstand erscheint als legitim, wenn er Grundprinzipien einer
demokratischen Ordnung gegen Übergriffe verteidigen will. (...)
Die Nationalsozialisten waren entschlossen, ihre Regierungsbeteili-
gung zur Machtergreifung auszuweiten. Dennoch wurde der um-
fassende Herrschafts- und Führungsanspruch der NS-Führung vie-
len Beteiligten erst allmählich in seinen letzten Konsequenzen
sichtbar. Er schlug sich in Programmen und Proklamationen, in
Gesetzen und Terror, in Verfolgung und Unterdrückung nieder,
die sich als dichter werdendes Netz der Kontrolle und Repression
darstellten. (...)
Verfolgtsein wurde zum Kollektivschicksal – Widerstand wurde
jedoch zur Aufgabe des Einzelnen, der nur mit wenigen Gesin-
nungsgenossen zusammenarbeiten konnte."[78]

(4) Den Unterschied zwischen den Widerstandsmotiven
der Männer um den 20. Juli und denen politischer Op-
position unserer Tage unterstreicht Karl Dietrich Bra-
cher:

„Widerstand im demokratischen Unrechtsstaat, der notwendig das
Odium der Illegalität und der Gewalt auf sich nehmen muss, kann
nicht mit den Widerstandsansprüchen einer Antisystemopposition

---

78 Peter Steinbach, zitiert nach Rudolf Lill und Heinrich Oberreuter, *Portraits*, S. 51–82

im demokratischen Verfassungsstaat verglichen werden. Ihr Argument, dass staatliche Herrschaft als Gewalt Gegengewalt rechtfertige, übergeht das Bezugssystem, unter dem Widerstand gegen Diktatur legitimiert wird: die Forderung nach Wiederherstellung verfassungs- und menschenrechtlicher Verhältnisse. Dem galten der Mut und das Opfer der Deutschen, die sich damals dem Sog der Verführung, des Opportunismus, der unkritischen Begeisterung für Macht und Erfolg entzogen, die schließlich angefochten und einsam Verfolgung und Tod auf sich genommen haben." [79]

(5) Rudolf Lill und Heinrich Oberreuter erklären die Schwierigkeiten der Deutschen, sich zum Recht auf Widerstand zu bekennen:

„Die deutsche Nachkriegsgesellschaft tat sich schwer, ein angemessenes Verhältnis zum 20. Juli zu entwickeln, obgleich sie moralisch von ihm und anderen Widerstandsgruppen unendlich zehrte. Der Prozess seiner Einbürgerung in eine ihrem Erbe nach obrigkeitsstaatliche politische Kultur war eher mühsam und man darf zweifeln, ob sich diese Gesellschaft je wirklich mit dem Widerstand solidarisiert hat. (...)

Diese traditionelle Mentalität hat es auch vielen (...) Männern schwer fallen lassen, Hitler zuwider zu handeln; die Offiziere fühlten sich durch ihren Eid auch dann noch gebunden, als dessen Grundlage durch Hitlers Verbrechen längst zerstört war. Die humanistischen und freiheitlichen Traditionen unserer Geschichte waren lange verschüttet; der Widerstand hat dazu beigetragen, sie wieder freizulegen – insofern hat er Maßstäbe aufgerichtet, an denen die Bundesrepublik von Anfang an ausgerichtet war und bleiben muss." [80]

---

79 Karl Dietrich Bracher, zitiert nach R. Lill und H. Oberreuter, S. 25–49
80 Rudolf Lill und Heinrich Oberreuter, S. 11–23

Dritter Block

(6) Vor allem den hervorragend verkörperten Einzelcharakteren des Stückes verdankte nach Einschätzung Eugen Kogons das Stück seinen Erfolg bei der deutschen Erstaufführung:

„Der Titel des Stückes (...) stimmt nicht. Aber der Inhalt der drei Akte (...) deckt in allen Teilen damalige deutsche Wirklichkeit. Dramatisch ist er ja eigentlich nicht, nur spannend, – ein mit der Ethik des so genannten anständigen und daher nicht unsympathischen Menschen gut geöltes Kriminalstück (...) Es lohnt sich, dieses Stück zu sehen: diesen Kerl von einem General, seine Offiziere, den Oberst und Führer der Kampfstaffel, dessen Frau, ihren Vater – jenen Präsidenten des Beschaffungsamtes – ihre Schwester – ‚Pfützchen' –, den Attaché im Außenministerium, den Kulturleiter und SD-Mann, den Chefingenieur, die Diva und ihre Nichte, den ausländischen Kellner, die sich als Werkzeuge in den Klauen der Gestapo befinden, den älteren und den jüngeren Arbeiter, denen es an den Kragen geht, obgleich sie zu Unrecht wegen Sabotageverdachts verhaftet sind, und die alles stumm durchstehen, nicht zuletzt die Figur des Chauffeurs, Korrianke, den Harras aus dem KZ geholt hat, und der ihm auf treu ergebene-schnodderige Weise dient, wie nur je ein Kammerdiener der klassischen Theaterzeit auf die damalige Art seinem Herrn und Abgott gedient hat."[81]

---

[81] Eugen Kogon zur Frankfurter Erstaufführung 1947, zitiert nach Siegfried Mews, *Grundlagen*, S. 70 f.

(7) Für Felix Emmel gibt es keinen Zweifel, dass *Des Teufels General* einen bedeutenden Beitrag zum modernen deutschen Theater darstellt:

„*Zuckmayers Stück rührt wichtige Fragen und Probleme an. Gibt es eine sittliche Pflicht, gegen eine verbrecherische Regierung zu revolutionieren, oder ist man auch dann noch an seinen Treue-Eid gebunden? Darf man sein Können gegen die eigene Gesinnung einsetzen, oder bedeutet das ein Schuldigwerden vor sich, seinem Land und seinem Volk? Das waren die Fragen, die damals besonders die Jugend (...) zu klären suchte. So wurde ‚Des Teufels General' durch seine dramaturgisch hervorragend gegebene Aussage wie durch die meisterhafte Zeichnung seiner Charaktere ein Stück großen Zeittheaters, das ins Schwarze traf.*"[82]

(8) Nach Auffassung Günther Rühles hat Zuckmayer mit seinem Stück einen wesentlichen Beitrag zur deutschen Vergangenheitsbewältigung geleistet.

„*Zuckmayer hat in ‚Des Teufels General' und ‚Gesang im Feuerofen' als einer der ersten nach 1945 neben Weisenborn und Friedrich Wolf den politischen Stoff, und das heißt bis heute: unsere Vergangenheit, auf die Bühne zurückgebracht. (...) Erinnern wir uns daran, dass einst die Figur des Saboteurs Oderbruch heftige Polemiken auch gegen ihren Erfinder ausgelöst hat. Heute ist Oderbruch kein Gegenstand des Zorns und der Verachtung mehr. So lebt das politische Theater in und mit der Zeit und wird von ihr überholt.*"[83]

---

82 Felix Emmel, *Schauspielführer*, S. 432
83 Günther Rühle, *Theater in unserer Zeit*, S. 132

(9) Für Siegfried Melchinger erfüllt Carl Zuckmayers Drama nicht die Kriterien des ‚politischen Theaters', weil ihm die entscheidende Dimension fehle, nämlich die des kritischen Eingreifens in Zeit und Geschichte:

„Stücke aus der historischen Vergangenheit verdienen nur dann das Prädikat politisches Theater, wenn sie noch heute gespielt werden, spielbar, d. h. anwendbar sind. Daraus kann ein Kriterium für Stücke abgeleitet werden, die in der Gegenwart Politik behandeln; auch sie verdienen das Prädikat nur, wenn ihr Vorsatz dem gleicht, der politische Stücke der Vergangenheit instand gesetzt hat, die Gegenwart zu erreichen. (...) Dieses Theater will also eingreifen, sich einmischen. (...) Politisches Theater ist kritisches Theater." [84]

(10) Herbert Mühlbauer betont den überzeitlichen Wert des Dramas, weil es nicht nur an aktueller Zeitgeschichte stehen bleibe:

„Denn dies ist der Gehalt von Zuckmayers Drama, dass man dem Vaterland besser dient, wenn man dem Ethos der Menschenliebe folgt als dem Ehrgeiz, besser durch Arbeit für die Größe als für die Macht. Und dass ein Leben vertan ist, das anders verläuft. Als Dichter und Dramatiker erweist sich Zuckmayer mit diesem Werk, das sein Thema, frei von lehrhafter Tendenz, frei von Verzeichnung in die eine oder andere Richtung, stark und eindringlich behandelt." [85]

---

84 Siegfried Melchinger, *Geschichte des politischen Theaters* (2), S. 243 ff.
85 Herbert Mühlbauer im *Wiener Kurier*, Schallplattenbeilage *amadeo* AVRS 1040/41

(11) Auf „mythischem Grund" ruhend, wird dieses Drama für Hans-Peter Franke zum Paradebeispiel eines geschlossenen Dramas:

„Dass der Held sich bei der Aufdeckung eines rätselhaften Sachverhaltes selbst entlarvt, bildet ein zentrales Merkmal des analytischen Dramas, das durch einen ausweglosen Handlungsablauf gekennzeichnet ist. In diesem Stück erhält die Mythisierung Hitlers zum Teufel diese Funktion, den Helden an sein Schicksal zu bannen. Und auch Oderbruchs Gegenposition ruht auf mythischem Grund: dem Glauben an ein ‚unerbittlich waltende(s) Gesetz – dem Geist, Natur und Leben unterworfen sind. Wenn es erfüllt wird – heißt es Freiheit.' Das Drama ist also doch in sich geschlossen: Harras' Tod und Oderbruchs Widerstand bestätigen das gleiche ‚Ewige Recht'. "[86]

(12) Kein gutes Haar lässt Volker Klotz in seiner Kritik an der Berliner Neuinszenierung des Stückes (1967):

„Zwar tritt eine ganze Menge milieugerechter und psychisch wahrscheinlicher Einzeltypen auf, doch sobald sie sich zum Zusammenspiel und zum Diskutieren, kurz: zu einem dramatischen Ganzen zu formen trachten, passt nichts mehr ineinander. Eine gleichermaßen artistisch wie politisch krude Mischung entsteht aus halbgar argumentierendem Problemstück. (...) Schaschlik ohne Spieß. "[87]

---

86 Hans-Peter Franke u. a., *Von 1945 bis zur Gegenwart*, S. 26
87 Volker Klotz zur Berliner Neuinszenierung 1967, zitiert nach Siegfried Mews, *Grundlagen*, S. 73

Literatur

Zuckmayer, Carl: *Des Teufels General*. 31. Aufl. Frankfurt a. M.: Fischer Taschenbuchverlag, 2000.
(Nach dieser Ausgabe wird zitiert.)

Zuckmayer, Carl: *Als wär´s ein Stück von mir*. Frankfurt a. M., 1966.

Zuckmayer, Carl: *Aufruf zum Leben*. Portraits und Zeugnisse aus bewegten Zeiten. Frankfurt a. M., 1976.

Zuckmayer, Carl: *Ein voller Erdentag*. Drei Essays. Frankfurt a. M., 1985.

Zuckmayer, Carl: *Die langen Wege*. Frankfurt a. M., 1996.

———

Ayck, Thomas: *Carl Zuckmayer in Selbstzeugnissen und Bilddokumenten*. 7. Aufl. Reinbek b. Hamburg, 1997

Bauer, Arnold: *Carl Zuckmayer*. Berlin, 1977

Becker, Jochen: *Carl Zuckmayer und seine Heimaten*. Ein biografischer Essay. Mainz, 1989

Imseng, Werner: *Carl Zuckmayer in Saas-Fee*. Ein Album. Gütersloh, o. J.

Mews, Siegfried: *Carl Zuckmayer*. Boston, 1981

Wagener, Hans: *Carl Zuckmayer*. München, 1983

————

Glauert, Barbara: *Carl Zuckmayer. Das Bühnenwerk im Spiegel der Kritik*. Frankfurt a. M., 1977

Jacobius, Arnold J.: *Motive und Dramaturgie im Schauspiel Carl Zuckmayers*. Frankfurt a. M., 1971

Kieser, Harro (Hg.): *Carl Zuckmayer. Materialien zu Leben und Werk*. Frankfurt a. M., 1986

————

Lüder, Werner: *Carl Zuckmayers antifaschistisches Drama Des Teufels General*. Das Werk im Kontext des Gesamtschaffens des Autors und seine Wirkung als Modellfall von Rezeptionsbesonderheiten im Nachkriegsdeutschland. Berlin, 1987

Mews, Siegfried; *Carl Zuckmayer. Des Teufels General*. Grundlagen und Gedanken zum Verständnis des Dramas. 4. Aufl. Frankfurt a. M., 1991

Teelen, Wolfgang: *Des Teufels General*. In: Die Gestaltungsgesetze im Bühnenwerk Carl Zuckmayers. Diss. Marburg 1951, S. 80–104

Wehdeking, Volker: *Mythologisches Ungewitter. Carl Zuckmayers problematisches Exildrama Des Teufels General*. In: Harro Kieser, Materialien, S. 86–102

———

Arnold, Heinz L.: *Die westdeutsche Literatur 1945 bis 1990.* Ein kritischer Überblick. München, 1995 (dtv)

Bienek, Horst: *Werkstattgespräche mit Schriftstellern.* München, 1965 (dtv)

Daiber, Hans: *Deutsches Theater seit 1945.* Stuttgart, 1976

Dietrich, Margret/Stefanek, Paul: *Deutsche Dramaturgie von Gryphius bis Brecht.* München, 1965

Emmel, Felix: *rororo Schauspielführer.* Von Aischylos bis Peter Weiss. Reinbek b. Hamburg, 1974 (fortgeführt von Karin Kathrein, s. u.)

Franke, Hans-P.: *Geschichte der deutschen Literatur. Von 1945 bis zur Gegenwart.* Stuttgart, u. a. 1987

Frenzel, Elisabeth/Herbert A.: *Daten deutscher Dichtung.* Chronologischer Abriss der deutschen Literaturgeschichte. Band II. Vom Biedermeier bis zur Gegenwart. 12. Aufl. München, 1976

Hink, Walter: *Das moderne Drama in Deutschland.* Göttingen, 1973

Kabisch, Eva-Maria: *Literaturgeschichte kurzgefasst.* Stuttgart, 1985

Kathrein, Karin: *rororo Schauspielführer*. Von Aischylos bis Botho Strauß. Reinbek b. Hamburg, 1997 (38.–40. Tsd.)

Kerr, Alfred: *Theaterkritiken*. Stuttgart, 1972

Melchinger, Siegfried: *Geschichte des politischen Theaters*. 2 Bände. Frankfurt a. M., 1976

Rühle, Günther: *Theater in unserer Zeit*. Frankfurt a. M., 1976

———

Bermann-Fischer, Gottfried: *Bedroht – Bewahrt. Der Weg eines Verlegers*. Frankfurt a. M., 1984 (22.–24. Tsd.)

Flügge, Manfred: *Wider Willen im Paradies*. Deutsche Schriftsteller im Exil in Sanary-sur-Mer. Berlin, 1996

Graml, Hermann (Hg.): *Widerstand im Dritten Reich. Probleme, Ereignisse, Gestalten*. Frankfurt a. M., 1984

Kantorowicz, Alfred: *Politik und Literatur im Exil*. Deutschsprachige Schriftsteller im Kampf gegen den Nationalsozialismus. München, 1983

Lill, Rudolf/Oberreuter, Heinrich (Hg.): *20. Juli. Portraits des Widerstands*. Düsseldorf – Wien, 1984; als Taschenbuchausgabe Düsseldorf – Wien, 1994

Steffahn, Harald: *Claus Schenk Graf von Stauffenberg*. Reinbek b. Hamburg, 1994

Stephan, Alexander/Wagener, Hans (Hg.): *Schreiben im Exil*. Darin: H. Wagener. Zwischen Elegie und Zeitstück. Bonn 1985, S. 161–176.

——

Matzkowski, Bernd: *Wie interpretiere ich ein Drama?* Hollfeld: Bange, 1997

Payrhuber, Franz-J.: *Deutsches Gegenwartsdrama im Literaturunterricht der Sekundarstufe I*. München: List, 1978

Waldmann, Günter: *Produktiver Umgang mit Literatur im Unterricht*. 2. Aufl. Baltmannsweiler: Hohengehren, 1999

——

Materialien aus dem Internet:

Zugriffe auf das Leben und Werk Carl Zuckmayers via Internet unter: www.carl-zuckmayer.de
(Website eines Arbeitsteams der Carl-Zuckmayer- Gesellschaft Mainz e. V.)
Zufrieden stellende Hinweise; Download teilweise möglich.

Bitte melden Sie dem Verlag „tote" Links!

——

Des Teufels General – deutsche Verfilmungen:

Des Teufels General. BRD 1954.
Regie: Helmut Käutner.
Drehbuch: Georg Hurdalek, Helmut Käutner, Guyla Trebisch.
Des Teufels General. BRD (Verfilmung für das Fersehen) 1997.
Regie und Drehbuch: Frank Castorf.

Deutsch

■ Der Bestseller !

Die Herausgeber der Buchreihe „Wie interpretiere ich ...?" wollen zur selbstständigen Arbeit mit den im Unterricht behandelten literarischen Gattungen anregen und dazu Hilfestellung geben.

Basiswissen beinhaltet:
- grundlegende Sachinformationen zur Interpretation und Analyse
- Grundlagen zur Erstellung von Interpretationsaufsätzen
- Fragenkatalog mit ausgewählten Beispielen
- Analyseraster

Anleitungen beinhalten:
- Bausteine einer Gedichtinterpretation
- Musterbeispiele
- Selbsterarbeitung anhand praxisorientierter Beispiele

Übungen mit Lösungen beinhalten:
- konkrete, für Klausur und Abitur typische Fragen und Aufgabenstellungen zu unterrichts- und lehrplanbezogenen Texten mit Lösungen
- epochenbezogenes Kompendium

viele Zusatzinfos

regt zum selbstständigen Arbeiten an

mit vielen Beispielen

bewusste Dreiteilung der Bände zum gezielten Lernen

Bernd Matzkowski
Wie interpretiere ich? *Basiswissen*
Sek. I/II (AHS)
124 Seiten
Best.-Nr. 1417-6   **Euro 10,00 [D]**
10,30 Euro[A] / sFr. 17,60

Bernd Matzkowski
Wie interpretiere ich ein Drama? *Basiswissen*
Sek. I/II (AHS)
112 Seiten
Best-Nr. 1419-2   **Euro 10,00 [D]**
10,30 Euro[A] / sFr. 17,60

Bernd Matzkowski
Wie interpretiere ich Novellen und Romane? *Basiswissen*
Sek. I/II (AHS)
88 Seiten
Best-Nr. 1414-1   **Euro 10,00 [D]**
10,30 Euro[A] / sFr. 17,60

Bernd Matzkowski
Wie interpretiere ich Kurzgeschichten, Fabeln und Parabeln? *Basiswissen*
Sek. I/II (AHS)
92 Seiten, mit Texten
Best-Nr. 1456-7   **Euro 10,00 [D]**
10,30 Euro[A] / sFr. 17,60

Bernd Matzkowski
Wie interpretiere ich Lyrik? *Basiswissen*
Sek. I/II (AHS)
112 Seiten, mit Texten
Best-Nr. 1448-6   **Euro 11,70 [D]**
12,10 Euro[A] / sFr. 20,20

Thomas Brand
Wie interpretiere ich Lyrik? *Anleitung*
Sek I/II (AHS)
205 Seiten, mit Texten
Best-Nr. 1433-8   **Euro 13,30 [D]**
13,70 Euro[A] / sFr. 23,20

Thomas Möbius   **NEU**
Wie interpretiere ich Lyrik?
Übungen mit Lösungen, Band 1
Mittelalter bis Romantik   ET 5/2003
mit Texten
Best-Nr. 1460-5   **ca. 11,70 Euro[D]**
12,10 Euro[A] / sFr. 20,20

Thomas Möbius   **NEU**
Wie interpretiere ich Lyrik?
Übungen mit Lösungen, Band 2
19. und 20. Jahrhundert   ET 5/2003
mit Texten
Best-Nr. 1461-3   **ca. 11,70 Euro[D]**
12,10 Euro[A] / sFr. 20,20

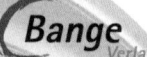

Bange Verlag

kurz & bündig

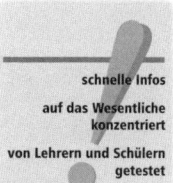
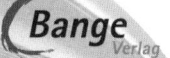

Aufsat

■ Qualität, die überzeugt!

Alle Aufsatz-Bände liegen in der 2. aktualisierten Version vor

Die Aufsatz-Lernhilfen für die Klassenstufen 5–13 behandeln die wichtigsten Aufsatzformen der genannten Jahrgänge und decken somit wesentliche Schwerpunkte des Lehrplans ab.

Die Bände enthalten sowohl die wichtigsten Informationen zu den einzelnen Aufsatzthemen als auch zahlreiche Übungsmöglichkeiten. Die Übungen bauen aufeinander auf und sind auf der Grundlage aktueller, schülernaher und unterrichtsrelevanter Texte verfasst. Inhaltliche wie sprachlich-grammatische Aspekte werden in gleicher Weise berücksichtigt.

Ziel ist es, den Schülerinnen und Schülern ein selbstständiges, schrittweises Erlernen der Aufsatzformen zu ermöglichen, das zugleich, anhand der bereitgestellten Texte, auch Spaß machen kann.

Ein Lösungsteil ermöglicht die eigenständige Kontrolle und Verbesserung der Arbeitsergebnisse.

deckt alle Schwerpunkte des Lehrplans ab

schülernahe Texte

Übungen mit Lösungen

regt zum selbstständigen Arbeiten an

Hartwig Lödige
Aufsatz – für das 5.–6. Schuljahr
Sek I / RS / Gym (HS/AHS)
Sek 118 Seiten
Best.-Nr. 1421-4   **Euro 11,70 [D]**
                 12,10 Euro[A] / sFr. 20,20
Folgende Themen werden behandelt:
Die Erzählung / Der Bericht / Der Brief / Die Beschreibung / Umgang mit Texten

Thomas Brand
Aufsatz – für das 7.–8. Schuljahr
Sek I / RS / Gym (HS/AHS)
180 Seiten
Best.-Nr. 1422-2   **Euro 13,30 [D]**
                 13,70 Euro[A] / sFr. 23,20
Folgende Themen werden behandelt:
Inhaltsangabe (auch erweitert) /
Bildbeschreibung / Schilderung / Protokoll /
begründete Stellungnahme und Kurzvortrag

Thomas Brand, Hartwig Lödige,
Thomas Möbius
Aufsatz – für das 9.–10. Schuljahr
Sek I / RS / Gym (HS/AHS)
182 Seiten
Best.-Nr. 1423-0   **Euro 13,30 [D]**
                 13,70 Euro[A] / sFr. 23,20
Folgende Themen werden behandelt:
Informierende, berichtende, kommentierende Texte /
Reportage / dialektische Erörterung / Geschäftsbrief /
Charakteristik / Argumentationslehre / lineare Erörterung / Facharbeit / Referat

Thomas Möbius
Aufsatz – für das 11.–13. Schuljahr
Sek II / Gym (AHS)
Band 1
144 Seiten
Best.-Nr. 1424-9   **Euro 13,30 [D]**
                 13,70 Euro[A] / sFr. 23,20
Folgende Themen werden behandelt:
Die Inhaltsangabe / Die Erörterung /
Die Textanalyse / Facharbeit

Thomas Möbius
Aufsatz – für das 11.–13. Schuljahr
Sek II / Gym (AHS)
Band 2
144 Seiten
Best.-Nr. 1425-7   **Euro 13,30 [D]**
                 13,70 Euro[A] / sFr. 23,20
Folgende Themen werden behandelt:
Die Textinterpretation / Epik / Lyrik /
Drama / Textvergleich

Bange Verlag